数字出版实用教程
（第二版）

黄孝章　周健华　张志林　著

知识产权出版社
全国百佳图书出版单位

图书在版编目（CIP）数据

数字出版实用教程 / 黄孝章,周健华,张志林著. -- 2版. — 北京：知识产权出版社，2018.12
ISBN 978-7-5130-5765-3

Ⅰ.①数… Ⅱ.①黄… ②周… ③张… Ⅲ.①电子出版物－出版工作－指南 Ⅳ.①G237.6-62

中国版本图书馆CIP数据核字（2018）第187450号

内容提要

本书主旨和架构原则是重在实际应用，基于先进的动态数字出版平台系统，重点对从数字化加工、生产管理到数字化运营等全流程实际进行操作性讲解，帮助出版单位领导人员了解数字出版平台体系的总体架构和具体模块功能；帮助相关院校专业学生和数字出版具体岗位人员掌握数字出版的实际运作。《数字出版实用教程》可以作为学校相关专业教学实训教材，也可以作为行业数字出版岗位人员培训教材，以及实际操作指南。

责任编辑：于晓菲　　　　　　　　　　　　责任印制：孙婷婷

数字出版实用教程（第二版）
SHUZI CHUBAN SHIYONG JIAOCHENG(DI-ER BAN)

黄孝章　周健华　张志林　著

出版发行：知识产权出版社有限责任公司	网　　址：http://www.ipph.cn
电　　话：010-82004826	http://www.laichushu.com
社　　址：北京市海淀区气象路50号院	邮　　编：100081
责编电话：010-82000860转8363	责编邮箱：yuxiaofei@cnipr.com
发行电话：010-82000860转8101	发行传真：010-82000893
印　　刷：北京中献拓方科技发展有限公司	经　　销：各大网上书店、新华书店及相关专业书店
开　　本：720mm×960mm　1/16	印　　张：12.25
版　　次：2018年12月第1版	印　　次：2018年12月第1次印刷
字　　数：210千字	定　　价：58.00元

ISBN 978-7-5130-5765-3

出版权专有　侵权必究
如有印装质量问题，本社负责调换。

前　言

数字出版已经成为新闻出版业的战略性新兴产业，对于新闻出版业实现结构调整、加快转型升级和促进融合发展起到了十分重要的促进作用。大力发展数字出版产业，是我国实现向新闻出版强国迈进的重要战略任务。

本书面向出版产业链的变革，内容贯穿出版社数字出版的内容采集、内容创作、内容管理、产品设计，以及运营管理等主要环节。本书的定位不在于理论探讨，而在于数字出版的实际应用。本书第1章、第2章、第3章以出版社历史资源数字化加工的需求形态为起点，重点讲解数字化内容的生产与内容资源的管理，通过基于XML结构的信息内容处理技术的详细讲解，为内容资源的重组及再生服务打好基础；第4章、第5章阐述数字出版产品的定义、形态、分类及特征，介绍数字出版产品设计方法与发展策略，并从管理体制与运行机制、产业链变革、流程与质量管理及产品营销等几个方面对数字出版的运营与管理作具体探讨；最后，对传统出版企业数字化转型路径及数字出版实践方法作了积极探索。希望本书的出版对出版社开展数字出版业务有所裨益。

本书内容是北京印刷学院传媒经济与管理学科平台建设项目与基于互联网思维的传统出版与新兴出版融合发展研究项目（项目编号：E-a-2013-08）的研究成果，在出版过程中得到了上述项目专项资金的支持。

由于著者水平有限，书中观点和内容难免有疏漏和不妥之处，敬请读者批评指正。

黄孝章

2018年3月26日于北京印刷学院

目　录

第1章　数字化加工 ··001
1.1　信息技术应用简要回顾 ···001
1.2　什么是数字化加工 ···005
1.3　数字化加工类型格式 ···010
1.4　图书数字化加工流程 ···016
1.5　ePub电子书加工制作流程 ···019
1.6　数字化加工关键工序 ···020
1.7　非结构化加工需要说明的问题 ···033
1.8　内容对象的结构化加工 ··037
1.9　数字化加工数据校验修改和质量控制 ·····································050

第2章　数字化生产 ··057
2.1　什么是数字化生产 ···058
2.2　数字出版的关键技术 ···060
2.3　业务规范和标引体系 ···065
2.4　数字化生产环境 ···067

第3章　内容资源管理 ··077
3.1　内容管理与内容资源管理系统 ···077
3.2　内容资源管理系统的基本功能 ···078
3.3　内容资源库建设流程 ···082

3.4 主要内容资源管理平台介绍 …… 091

第4章 数字出版产品 …… 095
4.1 数字出版产品的定义 …… 095
4.2 数字出版产品的形态 …… 095
4.3 数字出版产品的分类 …… 096
4.4 数字出版产品的特征 …… 097
4.5 数字出版产品设计 …… 098
4.6 数字出版产品发展策略 …… 105

第5章 数字出版运营与管理 …… 113
5.1 运营管理的概念 …… 113
5.2 数字出版管理体制与运行机制 …… 114
5.3 数字出版产业链 …… 116
5.4 数字出版流程管理 …… 117
5.5 数字出版质量管理 …… 121
5.6 数字出版产品营销 …… 121
5.7 运营数据分析 …… 129
5.8 用户数据分析 …… 132

第6章 传统出版企业数字化转型 …… 135
6.1 出版企业面临的发展环境 …… 135
6.2 出版企业数字化转型的紧迫性 …… 148
6.3 出版企业如何实现数字化转型 …… 152

第7章 传统出版业数字出版实践 …… 161
7.1 教育出版社数字出版实践 …… 161
7.2 专业出版社数字出版实践 …… 171
7.3 大众出版社数字出版实践 …… 179

参考文献 …… 185

第1章 数字化加工

1.1 信息技术应用简要回顾

王选教授曾经指出,印刷出版行业是最早使用计算机的行业之一,但这个行业的信息化发展却比较缓慢。究其原因,其他部门的信息化建设,在产品层面只是其产品元数据的数字化,产品本身的物理性质并没有改变;而出版业的信息化是内容生产的信息化,不仅产品元数据数字化,而且产品本身也数字化,从原子形态变成比特形态了。因此,中文信息处理技术是出版行业最重要的信息化技术。

1.1.1 中文信息处理技术的应用

虽然出版行业应用计算机进行排版已有几十年历史,但印刷出版和电子出版之间,在很长时间里软件技术互不兼容,绝大部分常用的文字编辑排版软件都是面向打印和印刷的。印刷排版软件技术的着眼点在于图文呈现,关注字体清晰、印刷精美,印刷版的"人性化因素"使图书不需要任何特殊设备便可阅读,便于注释。从数字技术的角度考察,印刷版的排版软件处理对象为线性结构文件,不具备检索、重用的功能。其后的电子出版发展,产生了全文数据库电子出版物。数据库软件的处理对象是数字化的结构性文件,它能够提供数据存储和分析能力。电子版的优势是可以进行数据的索引、排序、查找、在线浏览、相关一致性检查,可以提供强大的检索功能。

尽管两种出版方式都使用计算机系统,但两种文本的显示格式不能互通,这就提出了如何使创建的数字内容既可以用于印刷版,又可以用于电子版的数字技术要求。解决这个问题的途径是将这些软件输出的结果数据进行归一化处理,将这些数据转换成为 XML 文件格式[1]存储到内容资源管理系统(Content Resource Management System,CRM)中,经过出版引擎实现出版产品的跨媒体发布。出版信息的 XML 结构化处理、XML 数据的存储与检索,以及出版信息的跨媒体发布,构成了该系统的技术核心,如图 1-1 所示。

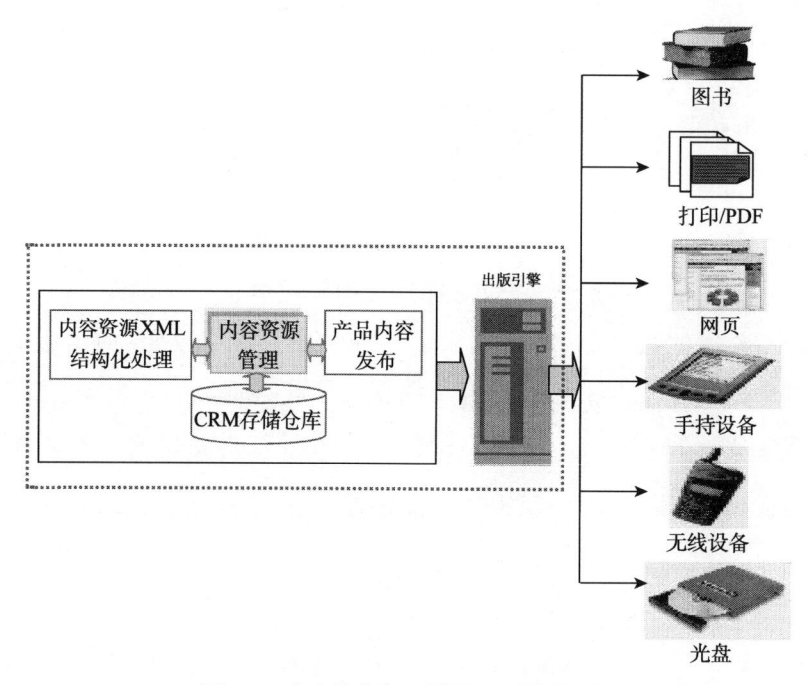

图1-1　内容信息归一化处理跨媒体发布

　　CRM 系统适合跨媒体出版的要求。通过 CRM 系统,出版信息的跨媒体检索、重用、挖掘、交易能够展开,使出版信息的生命周期得到有效的延长。因此,实现 CRM 系统中文档格式转换的自动处理,是人们一直追求的目标。但目前的技术离人们的期望还有相当的距离,以至于大量的数据转换需求,衍生出了一个专门从

---

[1] 可扩展标记语言(Extensible Markup Language,XML),用于标记电子文件使其具有结构性的标记语言,可以用来标记数据、定义数据类型,是一种允许用户对自己的标记语言进行定义的源语言。XML 是标准通用标记语言(SGML)的子集,非常适合 Web 传输。XML 提供统一的方法来描述和交换独立于应用程序或供应商的结构化数据。

事转换数据格式的数据加工行业。

CRM 技术与跨媒体出版技术的有机结合,给数字出版技术提供了巨大的发展空间。数字出版技术属于信息技术的研究与应用领域,因而数字出版的本质是对内容的深度加工、分类与整合,是内容的信息化而不是简单的电子化和屏幕化。中文信息智能化处理是计算机中文信息处理的基础性研究,是信息处理的关键技术。有许多研究人员在这一领域耕耘攻关,但至今仍处在技术突破的前夜。由于中文信息处理的特殊性,解决中文信息的复合出版、自动标引、自动分类、自动聚合、智能检索只有在中文出版的过程中才能实现,只有解决了数字出版关键技术,才能最终解决出版行业信息化落后的状况。

1.1.2 XML 成为跨媒体出版的重要标准

20 世纪 80 年代后期,全文数据库出版解决了电子版格式与打印版格式的统一问题,即检索结果显示格式与排版印刷格式的一致性。解决的方法是,每篇文档每一页同时有两种版本:扫描图像版本和用 SGML 标记语言的文字版本[1]。标记是隐形的,最终在网页浏览或者阅读器上浏览,看不到标记本身,而只有标记的结果。扫描图像使用与印刷版相同的图案和布局,能够保证每页的打印和显示与印刷版一致。由于扫描图像没有电子版所需要的属性标识,文档中的各种排版符号依然保留,因而不能直接在计算机上浏览。采用 SGML 标记语言将文档的内容与样式分开,正文则用于建立全文索引,以便信息检索和在屏幕上的快速显示。

在美国,早期的 SGML 使用者是科技期刊出版商,由于科技期刊内容含有大量复杂的公式、表格和图片,版面复杂,无论是印刷版还是电子版,都是最难制作的出版物。学术期刊比其他出版领域更多地使用 SGML,芝加哥大学出版社的《天体物理学期刊》从 1994 年开始采用基于 SGML 工作流程,1995 年开展网络出版时,所

---

[1] SGML(Standard Generalized Markup Language),即标准通用标记语言,于 1986 年出版发布的信息管理方面的国际标准(ISO 8879)。该标准独立于平台和应用的文本文档的格式、索引和链接信息,为用户提供一种类似于语法的机制,用来定义文档的结构和指示文档结构的标签。其中,Markup 的含义是指插入到文档中的标记。制定 SGML 的基本思想是把文档的内容与样式分开。SGML 是一种在 Web 发明之前就已存在的用标记来描述文档资料的通用语言,但 SGML 十分庞大且难以学习和使用。

有的SGML文件转换成HTML文件[1]，在很短时间里几乎没有增加额外成本就在互联网上出版这本大型复杂的期刊，实现了双轨出版。现在，学术期刊及其他出版则采用SGML的后续技术XML（Extensible Markup Language），即可扩展标记语言。

出版信息的XML结构化，为实现自动的跨媒体出版打下良好的数据基础。XML数据配上用于显示XSLT的样式数据[2]，解决了出版信息在互联网上的发布。但是，XML数据解决出版信息到印刷和光盘的发布还存在障碍，特别是在RIP[3]不支持XML输出的情况下，出版信息到印刷和光盘的跨媒体还难以实现。解决这个瓶颈的一种方法是，通过软插件技术将XML数据直接嵌入到排版软件的版面上，由排版软件实现XML数据到PS[4]数据的转移。纸介质的出版信息发布问题解决后，将PS数据转换为PDF格式[5]，光盘发布的问题也迎刃而解[6]。

21世纪伊始，在出版领域，为一种出版物同时制作电子版与印刷版的文档处理软件使跨媒体出版开始流行。运用XML标记语言规定的元数据结构，实现了新闻信息的内容描述、交换和再利用，电子文件能按照不同的方式呈现内容，既可在屏幕上显示，也可用于印刷。在报业，出版纸质报纸、网页新闻及2005年以后广泛流行的手机报，形成"纸网互动、滚动报道"的立体报群传播态势，技术上都要归

---

[1] HTML（Hypertext Markup Language），即超文本标记语言，是用于描述网页文档的一种标记语言。互联网是建立在超文本基础之上的，文本中包含了"超级链接"点。所谓超级链接，就是一种URL指针，通过激活（点击）它，可使浏览器方便地获取新的网页。这也是HTML获得广泛应用的最重要原因之一。

[2] XSLT（Extensible style Sheet Language Transformation），在计算机科学中是扩展样式表转换语言的简称，这是一种对XML文档进行转化的语言，XSLT中的T代表英语中的"转换"（transformation），它是可扩展样式表语言XSL规范的一部分。

[3] RIP（Raster Image Processor）即光栅图像处理器，对于计算机直接制版系统来说，RIP的主要作用是将计算机制作版面中的各种图像、图形和文字，解释成打印机或照排机能够记录的点阵信息，然后控制打印机或照排机将图像点阵信息记录在纸上或胶片上。

[4] PS（Photoshop，像素制图软件）是Adobe公司旗下最出名的图像处理软件之一。它不仅是一个很好的图像编辑软件，同时它的应用领域很广泛，在图像、图形、文字、视频、出版各方面都有涉及。

[5] PDF（Portable Document Format）是Adobe公司开发的电子文件格式。该格式与操作系统平台无关，这一特点使它成为在Internet上进行电子文档发行和数字化信息传播的理想文档格式。PDF文件格式可以将文字、字型、格式、颜色及独立于设备和分辨率的图形图像等封装在一个文件中。该格式文件还可以包含超文本链接、声音和动态影像等电子信息，支持特长文件，集成度和安全可靠性都较高。经中国国家标准化管理委员会批准，PDF文件格式已成为正式的中国国家标准，并已于2009年9月1日起正式实施。

[6] 肖建国. XML和DAM技术与跨媒体出版[J]. 中国印刷，2001（4）：6–7.

功于XML成为中文新闻信息置标语言[1]在报业的应用。

目前，一些中文处理软件能够直接利用排版软件产生电子文本，加工成计算机可读的电子书，其加工过程不是在排版文本产生之后而是融合在排版过程之中。也有出版社开发出利用数字化加工的PDF文件，自动生成图书的XML元数据信息的转换软件，在跨媒体出版方面有了自主开发的信息处理技术。

1.2 什么是数字化加工

传统出版企业认识到，文化产业的发展核心是内容，向数字化转型是出版企业发展的必由之路。实现传统出版与数字出版的融合发展，需要利用各种类型的信息加工方式，完成存量出版资源的数字化整理加工，加快数字内容资源的深度整合，加速内容的数字化。在此基础上，实现内容资源全方位、深层次的开发利用，并借助互联网、手机、电子书阅读器、平板电脑等新型传播途径，重构知识与内容的销售渠道。对数字化加工的理解，表现了业界对数字出版本质认识的不断深化过程。

1.2.1 数字化加工的内容

出版资源的数字化加工，是指对出版信息资源的数字化整理，主要是完成对传统资源的加工、分类和标引工作。数字化加工包括两部分内容，一是对已经形成纸质图书的历史出版资源重新进行电子化、代码化识别、审校、重排、标引；二是对目前已经采用电子化、代码化的内容进行基础标引和各种基于专业需求的深度标引。

进行数字资源加工，首先要对所采集的内容进行数字化转换（OCR/SCAN）[2]处理，然后进行人工标引加工处理。现在，有的出版社已经自主开发出多核心OCR

---

[1] 新闻领域的中文信息处理率先实现了XML标引，并已经颁发了国家标准：GB/T 20092-2006 中文新闻信息置标语言（Chinese Nnews Markup Language，CNML）。

[2] OCR（Optical Character Recognition），即光学字符识别；SCAN，即扫描。通过光学扫描仪和计算机的配合，OCR软件将图像数据进行运算分类后转化为计算机内码。它可以极大地减轻数据录入工作的强度，提高数据录入的速度。

数据加工生产线，具有完备的流水线式操作体系和管理监控系统。更进一步，信息处理技术能够自动提取其中的标注（Tagged）内容及全文文本，对内容进行过滤、分类或自动摘要。最终，经过标引的内容转化成内部标准格式，并与其关联的对象（包括图片、原版式等）一起装入内容仓库中存储，供查询、挖掘及应用。

1.2.2 数字化加工的作用

对出版社开展数字出版来说，将出版社的存量资源和新产出的增量资源内容进行电子化、代码化入库，进行基于整书元数据的 XML 标引，它的作用在于建设 CRM 系统，实现内容信息的跨媒体出版。历史资源的数字化整理加工，是一件最基础、最基本的工作，每种出版物的全部信息都要通过数字化加工进入 CRM 系统，实现从一个入口直接找到相关的信息；对系列丛书能够有效关联，甚至实现资源之间的有效关联；对多版本信息也要各自独立加工、入库管理，并且不同版本之间也能够进行有效关联。

数字化信息资源的建设与管理对现有印刷品的数字化需求越来越强，OCR 技术应用成为 CRM 系统建设中的重要阶段，同时也是数据加工的核心技术。经 OCR 技术处理的电子文档，可广泛应用于各种电子出版物、网络资源、各种大型文献资料数据库、数字图书馆等众多领域，也是出版社内容信息资源开发利用的必经阶段。

由于出版社对存量出版资源的数字化整理加工的需求不一样，因此，加工的层次有初级和高级之分。最常见经过数字化加工的图像 PDF 文件格式，能够将纸质文档转换成图像文档进行阅读；或者进一步，将文档内容转换成计算机代码，保持图书的原版原式进行阅读。通常，这种实现了纸质文档向图像文档转换的图书内容，能够满足出版社最基本的出版资源电子化、代码化需求，以及读者最基础的阅读需求。为了满足未来数字出版新商业模式对数字出版产品的要求，还需要实现元数据内容的自定义和可扩展，以及基于内容的深度标引，以期能够满足"一次制作、多个渠道、重复使用"的跨媒体、跨渠道出版需要。

通过数字化加工，能够使内容在纸本上、屏幕上显示阅读，不断开发创造数字阅读的新模式，出版传播的新模式，以及出版企业盈利的新模式。

1.2.3 元数据标引的重要性

(1)元数据是都能利用的工具

元数据是指关于图书的信息,比如书名、作者、定价等。从本质上看,元数据是对特定图书的描述。它传达给人们关于这本书所需了解的所有信息,以及关于如何更好地利用这本图书的信息。元数据是每个人都能利用的工具。对读者来说,准确无误的元数据信息将确保读者能够通过网络搜索找到所需要的图书;对电子书零售商来说,要靠元数据信息协助使用者找到他们的图书,完备编制的图书元数据信息,有可能在用户检索请求提交后使图书的检索结果排在首位;对图书馆来说,元数据帮助其优化馆藏管理和更好地服务于用户;对出版社来说,元数据有助于使图书在市场上取得成功,流通时间更长。如果图书的元数据信息编写有了错误,读者就无法找到该图书,而出版社也将失去潜在的销售机会。

(2)基于XML的元数据在图书信息流通中起至关重要的作用

对元数据的重视与否,恰恰暗示了出版业界传统的印刷出版思维(print mentality)对数字化转型的严重阻碍。目前,国内外电子书市场火热,尤其在美国。电子书是一种版本形式,通过屏幕阅读,就像精装本和平装本通过纸本阅读一样。当然,屏幕阅读体现了电子化能够检索、关联等信息利用的特征,的确有优于纸本书的特点。一些人认为,电子书是解决图书市场出现滞涨的一剂良药,但美国业界资深人士认为,是图书的元数据而不是电子书拯救出版业,元数据标记能够帮助使用者锁定一本书的具体特点,它在全行业图书信息流通交换中起着至关重要的作用。

基于XML的元数据标引这件事情很琐碎,一般与业内人士难以产生共鸣。元数据信息从产业链上游的出版社发布,包括了出版物商品、供货目录及库存商品等三类信息。这三类信息用电子数据的方式及时向产业链下游的发行投送商发布,方便下游及时、有效地完成向上游的商品采购,避免上游产品资源无序的市场投放。其中,对纸本书来说,库存商品信息可以双向使用,下游既可将上游的库存信息作为采购依据,上游也可将下游的库存信息作为加印、备货和发货的依据。2006年,我国新闻出版总署发布了《图书信息流通交换规则》行业标准(CY/T 39-

2006），旨在加速图书发行行业的信息流通[1]。这个标准根据行业现状和网络技术发展趋势，采用文本文件和XML（置标语言）两种格式，作为计算机软件系统之间的信息交换格式，并通过标识符的定义，建立了文本和XML类型数据的内容对应关系，使两种数据格式的信息交换规则在逻辑上保持了一致。通过完整定义图书商品信息以及图书商品在流通各环节中的信息交换内容和规则，规范图书出版发行供应链中各企业信息系统的数据接口，使企业间数据库能以标准格式相互提供所需数据，达到整个出版发行供应链、信息链异构系统的数据传输简单化。

这个交换规则的一个重要意义在于，将图书的发行销售信息、图书馆的编目录著等工作前移到了出版社，直接在内容生产的源头进行图书编目、信息著录的描述，为全供应链的信息共享与检索提供了标准规范。但是，由于我国出版行业的标准化程度较低，没有从供应链的角度设计产品信息在流通过程中的穿透、延伸和反馈，一些行业通用的数据项，如分类、读者对象等未采用统一的代码方式；规则使用过程中的最大困难是行业商品信息ISBN号使用不规范[2]。作为一项行业标准还存在一些需要完善的地方。

（3）良好的元数据管理帮助电子书销售和出版社品牌提升

从图书商品信息及销售信息集成所进行的元数据XML分类，将一些标记整理编制出来，能够帮助图书以不同版本跨媒体销售。2011年，法兰克福书展举行了世界首次元数据展望会议，来自世界各地的专家讨论了优秀元数据的优势和好处。所有发言者都认为，图书的数据管理需要提升到战略优先层面[3]。对电子书来说，元数据信息联网（包括移动网络）上能够使搜索引擎从海量的信息中尽可能有效搜索到你所出版的图书。搜索引擎优化（SEO）技术[4]对能提供有用信息和有

---

[1] 新闻出版总署批准发布《图书流通信息交换规则》行业标准（CY/T 39-2006）[EB/OL].（2006-01-27）[2018-09-18]. http://www.gapp.gov.cn/cms/html/53/858/200602/450989.html.

[2] 潘明青.《图书流通信息交换规则》的出台和存在问题[EB/OL].[2011-08-24].赛迪网-中国计算机报. http://tech.ccidnet.com/art/480/20060109/410067_1.html.

[3] 安德鲁·威尔肯斯.图书元数据事关未来的商业机会[EB/OL].（2011-10-25）[2018-09-18].周益，译. http://www.bookdao.com/article/26159/百道新出版研究院.

[4] 搜索引擎优化（Search Engine Optimization，SEO）是一种利用搜索引擎的搜索规则来提高目的网站在有关搜索引擎内的排名的方式。由于不少研究发现，搜索引擎的用户往往只会留意搜索结果最前面的几个条目，所以不少网站都希望通过各种形式来影响搜索引擎的排序。通过SEO这样一套基于搜索引擎的营销思路，为网站提供生态式的自我营销解决方案，让网站在行业内占据领先地位，从而获得品牌收益。

价值数据的网站会更加有效,糟糕的记录会导致图书信息在供应链上失去可信的基础,交易扩散低效且不完整,会大幅降低出版商的网站在Google搜索引擎中的排名。

(4)基于内容的XML标引是高级别应用的方向

目前,对图书元数据标引的认识主要在图书商品信息、销售信息的应用描述上,要适应数字出版对读者大规模定制化阅读的需求,还可以开发更深层面的元数据标引。基于内容的XML标引将成为挖掘出版资源、适应读者个性化阅读需求的新应用。可实现内容的提要性阅读、同类图书的批量主题性阅读,甚至对承载在不同图书上的海量内容进行语义查询、引文比对、概念关联等高级应用开发,还可对正文内容进行一些类别的标记,对图书信息进行深度搜集整理分析,进行基于内容的元数据标引。例如,对文学类小说的深度标引包括:①页数(或者字数)信息。此类数据让读者了解图书的篇幅和阅读时间长短。②故事发生时间。是20世纪90年代,还是19世纪70年代,还是发生在未来。有些人喜欢历史小说,有些人不喜欢,要有明确的时代背景。③类别信息。一本书可以同时带有"浪漫小说"和"吸血鬼"两种类别标记。对于非虚构类图书,"战争""历史""二十世纪""1912年战争"等都是很好的类别。一个类别就是一个具体的标记,但这类标记并不处于层级结构中。④写作风格。是第三人称写作还是第一人称写作?是否为三幕话剧式的?里面对话多不多?等等。⑤系列信息。是否系列作品之一?是系列作品中的第几部?是一个顺序系列中的作品,还是合集中的一部?还可以有不少元数据项目,但以上这些项目是核心。如果每一种书都有这些元数据,那么对读者来说,基本上就可以通览群书了❶。因此,元数据标引这项工作有许多可挖掘空间,还需要引起出版社的高度重视。

---

❶ 爱德华·纳沃特卡.元数据为什么对于出版商的数字未来如此重要?[EB/OL].(2011-08-22)[2018-09-18].郑珍宇,译. http://www.bookdao.com/article/26159/百道新出版研究院.

1.3 数字化加工类型格式

1.3.1 数字化加工的类型

关于数字化加工,有多种说法。从加工层次上,有初级和高级之分;从是否对内容分拆、有序化上,有结构化和非结构化之分。本书将出版资源的数字化加工分为非结构化和结构化两大类型。非结构化文档对应为数字化加工的初级阶段;结构化文档则对应为数字化加工的高级阶段。两大类型之间存在着递进的联系,并且各类中又可具体分解成若干细类。数字化加工的分类如图1-2所示。

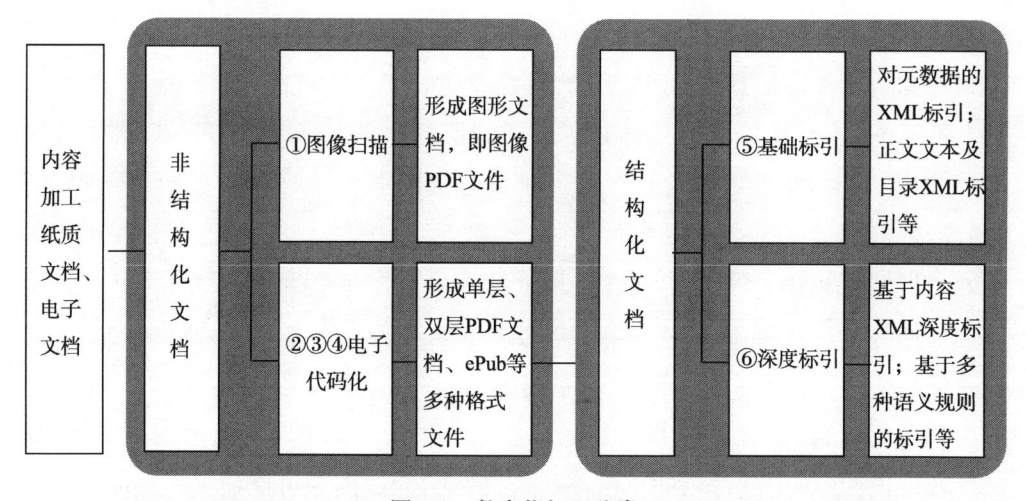

内容加工纸质文档、电子文档	非结构化文档	①图像扫描	形成图形文档,即图像PDF文件	结构化文档	⑤基础标引	对元数据的XML标引;正文文本及目录XML标引等
		②③④电子代码化	形成单层、双层PDF文档、ePub等多种格式文件		⑥深度标引	基于内容XML深度标引;基于多种语义规则的标引等

图1-2 数字化加工分类

从图上看,数字化加工确实有很多类型。加工的程度越深,未来数字出版产品的组装和再生能力就越强,对商业模式的支撑作用也越明显,但是费用投入也越大。对不同出版资源选择数字化加工的层次,取决于出版社对CRM系统建设的需求。一般来讲,重用性越强的内容,加工的程度应该越深。可以推断,专业学术出版、教育出版、辞书工具书出版等领域,CRM系统的建设要求出版信息数字化加工的程度越深。

1.3.2 常见文档的数字化加工层次

常见的数字化加工涵盖非结构化和结构化两个类型，如上图中①~⑤所标明的阶段。有些出版社的数字化加工，层次也进入到对内容分拆、标引的深度结构化阶段。一般来说，存量出版资源要求的数字化加工文档包括扫描图、PDF文件、正文文本XML、目录XML文件和图书元数据XML文件等。按照本书的分类，扫描图、PDF文件属于非结构化加工，正文文本XML、目录的XML和图书元数据XML文件属于结构化加工。

由于图书内容加工层次及需求变化不同，并非所有图书的数字化加工都需要全部包含这5种文件，某些图书只需要加工成其中的2~3种；期刊加工需要5种，但所有的加工项目技术指标要求大致相同。下面分别论述主要加工类型的特点和要求。

(1) 扫描图

扫描图文件要求格式为TIFF[1]或JPEG[2]，其中黑白文字要求扫描为600dpi[3]的黑白图，黑白图片扫描为300 dpi的灰度图，彩色图片扫描为300 dpi的彩色图。

要求图像清晰、版心居中、无明显歪斜、无污点及颜色失真现象；要求同一本书版心及图像尺寸统一，图像完整无残缺。

(2) PDF文件

PDF文件包括图像PDF、双层PDF及版式还原的纯文本单层PDF三种形式。对普通读者而言，用PDF制作的电子书具有纸版书的质感和阅读效果，可以"逼真"地展现原书的原貌，且显示版面大小可任意调节，给读者提供了个性化的阅读方式。每种PDF要求内容完整，无缺页、重页、页码顺序颠倒；每册书须制作目录书签，书签内容与图书目录一致，书签动作缩放比例设置为"承前缩放"；每册书初

---

[1] TIFF图像文件格式(Tagged Image File Format，也简称TIF)，是基于标记的文件格式，适用于在应用程序之间和计算机平台之间的交换文件，它的出现使得图像数据交换变得简单。TIFF广泛地应用于对图像质量要求较高的图像存储与转换。它由于结构灵活和包容性大，已成为图像文件格式的一种标准，绝大多数图像系统都支持这种格式。

[2] JPEG(Joint Photographic Experts Group)，由国际标准化组织(ISO)和国际电话电报咨询委员会(CCITT)为静态图像所建立的第一个国际数字图像压缩标准。JPEG是与平台无关的格式，可以提供有损压缩，因此压缩比可以达到其他传统压缩算法无法比拟的程度。

[3] Dpi(Dots Per Inch)，每英寸所打印的点数或线数，用来表示打印机打印分辨率，是衡量打印机打印精度的主要参数之一。一般来说，该值越大，表明打印机的打印精度越高。

始放大率设置为"适合页面"。

①图像PDF。图像PDF文件要求文档中所使用的图片格式为JPEG，图像其他要求与扫描图一致。若一页中既有文字也有黑白图像，文字部分采用黑白图；图像部分使用灰度图进行拼接。图像PDF文件还有一个用途，即方便查阅核对及数码印刷，制作双层PDF和单层PDF的图书也可同时制作图像PDF文件。图像PDF文件适用于作为资料保管和保持原貌为主，无全文检索需要的文档。例如中华人民共和国成立前出版的图书及一些手迹、画册，以图片形式展示内容的图书等。

②双层PDF。所谓双层PDF，是指用户浏览看到的是图像层，在全文检索和文字拷贝时使用的是文字层。为方便检索，文字层均对应为简体文字。双层PDF图像层的要求与图像PDF相同，只是精度统一为300 dpi，以减少文件的大小。文字层所使用的字体以"已嵌入子集"方式嵌入PDF文件。书中的生僻字、特殊符号、复杂数学公式对应文本统一为"■"，数学公式对应文本为计算机通常可输入的表达式，如公式中存在一些无法输入的符号，则按特殊符号处理。图像层和文字层的文字对应准确，反显区域与文字区域相差1毫米以内。双层PDF文件的不足是文字层的错误不宜发现。

一般类型的著作及繁体字或简繁混排的图书，可加工为双层PDF。因大多数PC机均未安装繁体字库，含有繁体字的图书不适合以纯文本形式制作单层PDF，因而均需要按双层PDF形式进行加工。双层PDF比版式还原的单层PDF节省排版这一环节，在加工成本上相对低。从节约资金的角度出发，一些以阅读为主、文字拷贝需求较低的非重点图书，都可以加工为双层PDF。

③版式还原的纯文本单层PDF。所谓版式还原的纯文本单层PDF，是指全部文字是以纯文本形式展现，图片以图像形式展现，再按照图书的版式重新排版的PDF文件。单层PDF要求与双层PDF文字层大致一致，由于文字不使用图片，生僻字要求用矢量造字补缺，但对应文本统一为"■"。此外，还要求版式与原书保持一致，部分没有的或难以辨别的字体可用相似字体代替。由于这种PDF看到的文字与检索拷贝一致，错误易于被发现，并且可进行修改，展现效果也好。只是加工成本较高，加工周期较长。中央文献、党和国家领导人讲话等重要著作，宜加工为版式还原的纯文本单层PDF。

(3) 正文文本XML文件

为了实现全文检索和章节标题及对应内容提取的功能，绝大多数图书要加工正文文本 XML 文件和制作目录 XML 文件。由于 PDF 文件包含了图书全部文本内容，也涉及页眉、页脚、页码、页下注释等非正文内容，这些要素会影响全文检索和内容提取。除了只制作图像 PDF 的图书外，其他图书都需要加工正文文本 XML 文件。XML 文件采用 UTF-8 编码[1]，一本书一个 XML 文件，每页内容作为一条数据进行存储。此数据不包含正文以外的无文字内容的页。正文中无文字内容的页面如果占页码（无论是否上面印刷了页码），需要体现在数据中；如果不占页码，在数据中不体现。

文件结构如下：

<?XML version="1.0" encoding="UTF-8" ?>

<Book>

<Content>

<page>

    <pageNum></pageNum>

<PDFPageNum></PDFPageNum>

<pageContent>

    <![CDATA[　　]]>

    </pageContent>

  </page>

  </Content>

</Book>

字段说明如下：

①pageNum 项。此字段是用于标识内容在纸质图书上所属的页码，要求是当前页的纸书页码整型值。要求与图书上印刷的页码完全一致。正文部分如有空白页，但实际在书中占了页码的，也须补充页码。非正文部分的内容（前言、序、后记等）页码如与正文页码重复，须在数值前加"*"标识，如*1。该字段标识的目的是方便读者了解内容出处，便于在自己的文章中对内容进行引用。

---

[1] UTF-8 是 Unicode 的一种变长字符编码，由 Ken Thompson 于 1992 年创建。现在已经标准化为 RFC 3629。UTF-8 用 1 到 6 个字节编码 UNICODE 字符。用在网页上可以同一页面显示中文简体繁体及其他语言（如日文、韩文）。Unicode（统一码、万国码、单一码）为一种在计算机上使用的字符编码。它为每种语言中的每个字符设定了统一并且唯一的二进制编码，以满足跨语言、跨平台进行文本转换、处理的要求。

②PDFpageNum 项。此字段是用于标识内容在 PDF 上所属的页码,要求是当前页的 PDF 页码整型值。要求与图书 PDF 文件的页码完全一致。该字段是使全文检索系统能够获取用户检索结果对应的电子书的页码,可实现直接翻到结果所在位置进行阅读。虽然大多数图书的 PDF 页码与印刷的页码都相差固定值,该字段可通过 pageNum 项计算获取,但个别图书在正文中会出现不占页码的内容,这样就会导致计算错误,造成混乱,因此该字段仍然需要标识。

③pageContent 项。该字段为当前页的文本内容,是为精确全文检索所使用,要求为标准 CDATA 类型[1]。内容中影响文字检索的要素都要去除,这些要素是指非正文文字内容的文本插入在正文文字中,造成语句不通顺、词语分家的情况。如页眉、页脚和页码的文字,插在两页正文内容文本之间,隔断了两页正文文字连贯性,被分割的词语肯定无法被检索到。

为此,对内容作出以下规定:每个段落开始有两个全角空格,结束要有回车;段落之间只能有上一段落的回车和下一段落的两个全角空格,不能有其他内容;每段文字须保持内容文字的连续性,影响连续性的页眉内容、页脚内容、页码、注释符、符号、图示说明、表格说明、注释等内容都须剔除;如遇到标题、诗句、人名列表等显示美观需要而在内容间有空格、回车换行的,要去除文字间的回车和空格,使其文字连续起来,独立成一个段落;保留文字内容与 PDF 一致,不得有漏字、段落混乱现象。

(4)目录 XML 文件

目录 XML 文件是为了方便提取章节标题及对应的内容,结构如下:

<?XML version="1.0" encoding="UTF-8"?>

<Book>

 <Content>

  <Title> </Title>

  <Level></Level>

  <PageNum></PageNum>

  <PageNumEnd></PageNumEnd>

  <PDFPageNum></PDFPageNum>

---

[1] CDATA(character data)是 DTD 中的属性类型,在标记 CDATA 下,所有的标记、实体引用都被忽略,而被 XML 处理程序一视同仁地当做字符数据看待。DTD(Document Type Definition)属于 XML 文件组成的一部分,是一套关于标记符的语法规则。

<PDFPageNumEnd></PDFPageNumEnd>

</Content>

</Book>

以每个章节标题作为一条数据,Title 为章节的标题内容;PageNum 为当前章节内容起始的纸书页码;PageNumEnd 为当前章节内容结束的纸书页码;PDFPageNum 为当前章节内容起始的 PDF 页码;PDFPageNumEnd 为当前章节内容结果的 PDF 页码;Level 为当前章节所属的层级(便于获取章节间的从属关系)。

(5)元数据 XML 加工

元数据 XML 加工是一个非常重要的类型。因此,在历史出版资源的数据化加工中,根据情况尽可能使元数据信息完整。图书的元数据信息可以在出版社内部各部门流转编写,也可以将同一个元数据文档制作电子书的元数据外包给服务提供商,由他们负责电子书的格式转换和发行业务。目前,对历史出版资源的元数据标引还采取委托数字加工服务商制作的方式,由他们根据出版社的要求重新录入,并进行相应的格式转换。

1.3.3 数字化加工的通用格式与规范

(1)数字化加工通用格式

目前,在各种电子终端上显示阅读的电子书,是经过非结构化数据加工的各种格式电子文档。其中,最有代表性的格式有两种:一种是可移植文档格式(Portable Document Format),简称 PDF 格式;另一种是电子书格式(Electronic Publication),简称 ePub 格式❶。ePub 是目前国际上兴起的能够跨越互联网平台和移动通信平台的格式。另外,国内一些数字出版公司也开发应用了各种电子书阅读格

---

❶ ePub 是由国际数字出版论坛(International Digital Publishing Forum,简称 IDPF)提出的一种自由开放的电子图书标准,特点是文字内容可以根据阅读设备的特性、以最适于阅读的方式显示。ePub 元数据是 XML,内容是 XHTML。如果文档构建系统产生的结果用于 Web,或者是基于 XML,就可用于生成 ePub。国际数字出版论坛是一个电子书产业的国际性商业与标准组织,原为开放式电子书论坛(Open eBook Forum,简称 OeBF)。为促进电子书市场开放,并适合于阅读系统(Reading System)之间的信息交换,制定 OeBPS(Open eBook Publication Structure)标准,后演变成 epub(Electronic Publication)标准,作为电子书内容描述的标准规范。目前,ePub 在欧美已被广泛使用,日本各图书出版商和电子公司已经达成共识,将 ePub3.0 作为电子书出版格式。

式,如同方CAJ、方正CEB、超星PDG、书生SEP等。目前,中国新闻出版信息化技术委员会正在进行数字出版标准体系研究,其中,涉及数字出版的十多个细分领域的标准,包括制定电子书数字出版标准。可以预见,电子书数字出版标准会出现逐渐采用通用格式的趋向。

(2)数字化加工规范作用

目前国内很多数据加工单位制作PDF格式文件,使用的参数不统一,造成的影响是:①其成品对后期PDF数据的反解和格式转换软件的开发带来很大不便;②有些重要的参数也被忽略,如"字体嵌入",导致PDF格式在转换及文本分析时产生乱码。为了避免后续应用带来的制约,需要在数字化加工中制定PDF加工规范,用规范引导和保证加工成品的各种重用需求。

1.4 图书数字化加工流程

图书的数字化加工流程包括从纸本书到电子化、标引,直至能够生成满足不同阅读需求的全过程,包括图书整理、纸件扫描、图像修正、OCR多核心识别、文字校对、版式复原、数据挂接等,如图1-3所示。

纸本 → 扫描 → OCR识别 → 校对 → 标引 → 版式还原PDF、双层PDF、XML、ePub等

图1-3 图书数字化的一般加工流程

1.4.1 图书图像扫描加工制作流程

(1)交接及整理分类

根据图书交接单核对原书数量,进行分类,区分是否需要加工以及是否可以高速扫描,然后整理归类,形成清晰准确的分类单。

(2)入库

对需要加工的书籍进行入库并做内部编号,填写一套书(5本或10本)的扫描识别加工流程单。根据出版社委托要求，对每本图书的元数据信息进行建档。元数据标引信息尽可能搜集完整。

(3) 拆书

拆书环节要根据客户要求，客户同意签字后可拆书加工；不可拆书则不走此流程。具体要求是：①拆除装订物（撕书皮）；②切书（专业切书人员使用专业切书机）；③使用高速扫描仪高扫后再装订，恢复原书籍模样。

(4) 扫描

扫描人员根据用户是否拆书的要求，填写具体图书扫描加工流程单。

①高扫。可拆书的情况下使用 Panasonic KV-S1025C 仪器高扫，平均每分钟扫20页，彩色、黑白精度都为300 dpi。

②平扫。不可拆书的情况下使用宏光FB2080E仪器扫描，彩色、黑白精度都为300dpi，平均每分钟扫6页。

(5) 图像扫描质量检查

①一检。检查扫描后的图像：彩色图书按彩色扫描，黑白图书按黑白扫描，扫描精度是否均是300dpi。检查扫描后图像是否与原文献的排列顺序一致，检查偏斜度、清晰度、失真度是否在允许范围。检查扫描后是否有影响图文信息阅读质量的杂质。

②二检抽检。二检时按一本书页数的5%进行抽检。

③返工。在一检、二检中检查出的不合格扫描图像，需要在扫描加工流程单上注明不合格原因，返回扫描人员。扫描人员对不合格书籍修改调整或重新扫描。

④扫描人员对不合格书籍修改调整过后再重新一检、二检。

(6) 验收

项目负责人对扫描数据进行质检抽检，不合格的工件返回加工基地重新处理；合格的工件填写项目加工流程单，并签字，代表这批数据加工工件合格有效。

(7) 备份

对质检合格的数据需要进行多套备份，如硬盘、光盘、异地保存等，并对备份的数据进行检查，看是否能打开、数据信息是否完整、文件数量是否准确等。备份检查合格后，填写数据备份管理登记表单，做好备份登记。

(8) 数据交接

成品数据交接，填写数据交接单，负责人签字（合格数据流入下一个环节）。

1.4.2 图书扫描识别校对流程

(1)校对

填写数据交接单,负责人签字后,分配给识别校对人员。识别校对人员使用各种适应本数据的识别校对软件,进行识别校对,并添加识别校对加工流程单。识别要求:①需对照原文件逐字地浏览校对,不要出现错别字;②段落必须与原文件一致,标题不能在正文中;③有图片的,需要添加代表图片的内部标记;④段落中间插图,以及有造字的,添加代表插图及造字的内部标记;⑤有注释内容放在每页下端的,在文中的注释标号前添加注释的内部标记;在注释内容前添加与注释标号前后呼应的内部标记;⑥有表格的,在表格内容前后都加代表表格的内部标记;⑦有图说的,在图说内容前后都加代表图说的内部标记;⑧识别后查询形似字,如:人→入、一→一、干→于、间→问 等,有误的给予纠正;⑨上述检查完成后,合并成一个完整的TXT文件,还需要仔细检查文中的断行及标题;⑩整个检测完成后,上交数据及识别校对流程单。

(2)质检

识别校对检查人员对识别校对后文件进行一检、二检,质检具体内容包括:①标题是否正确;②内容是否完整;③文字是否跟原文件一致;④段落是否与原文件一致;⑤居中、居右格式是否正确;⑥注释标记、图片标记、表格标记、图说标记及位置是否正确。如果质检不合格,则要返回识别校对人员,并在识别校对流程单添加质检不合格原因;识别校对人员根据质检提示的错识原因,进行调整修改;再重新递交识别校对流程单,重新一检,二检;重新识别校对质检后,生成双层PDF和TXT文件。

(3)验收

项目负责人对数据进行质检抽检,不合格工件再返回加工基地重新处理;合格的填写项目加工流程单,并签字(代表这批数据加工合格,有效)。

(4)备份

图书扫描识别校对流程中的数据备份要求,同图书图像扫描加工制作流程中的数据备份要求一样。

(5)数据交接

成品数据交接要求,同图书图像扫描加工制作流程中的要求一样。

1.5 ePub电子书加工制作流程

(1)TXT组加工制作质检流程

①TXT文件一组负责人接过需要进行加工的数据后,填写数据交接单,检查图书文件,如大样、图表、造字等;发现数据不全时则返回。通过检查的数据在电子书制作内部流程系统上分配给加工人员。

②切图组对有图表的数据进行切图,与TXT文件生产组同时进行加工。切图组对图、表、公式、造字等进行处理,处理完成后,交由质检图片组进行图片的一检、二检。

③图片质检组对图、表、公式、造字进行逐一检查,并对切图的完整性、尺寸大小等进行检查。一检、二检不合格的整本书返回切图组。切图组重新修改,甚至重新处理后交给质检组一检、二检。

④TXT文件二组,对有图表、无图表的TXT文件或直接对原文件进行加工,添加各种标记,如一级标题、二级标题、图、表、公式等内部标记(有图表数据加工需添加),添加完成后上传至内部流程系统。

⑤下一流程接到项目流程单后,TXT质检一组进行一检、二检。一检完成对文章的完整性及书名、作者、出版单位、版权信息、图片等的核对;二检对一检后的TXT文件完整性及书名、作者、出版单位、版权信息等进行二次质检。质检通过后,上传至内部流程系统管理服务器。

(2)ePub组加工制作质检流程

①ePub生产组接到项目流程单后,生产组负责人签字;加工任务在内部流程系统中分配ePub加工人员。ePub加工人员从服务器下载需加工ePub的数据,进行ePub加工工作,完成后上传至服务器。

②ePub质检组接到项目流程单后,负责人签字,在内部流程系统分配给ePub质检人员。ePub质检人员对ePub文件封面、书名、作者、单位、目录链接、图片、注解、正文等进行逐一质检。质检合格后上传至服务器。

③ePub二检人员对一检后ePub文件的封面、书名、作者、单位、目录链接、图片、注解、正文等进行抽检。一检、二检不合格数据,在内部流程系统上注明不合格的原因,返回ePub生产组。

④ePub生产组员工对返回数据进行修改或重新制作。再由服务器传给ePub质检组;ePub质检组重新一检、二检,直至全部合格。

⑤项目流程单交给项目负责人。项目负责人进行ePub数据抽检,合格后交给客户,由客户进行审核。审核不通过的数据,返回加工组,重新修改,制作。

1.6 数字化加工关键工序

数字化加工从文档文件的扫描开始,当文档已经被电子化、代码化扫描识别校过后,就可制作成双层PDF、版式还原的单层PDF,以及ePub等格式。本节重点讲解PDF加工流程中的关键工序。

通过十几年的发展,许多大型的数字化加工企业已经形成了数字化的加工生产流水线。现根据北京中献拓方公司的数字化加工生产流程,解读数字化加工关键工序及其作用。

1.6.1 扫描修图

(1)对扫描图的要求

扫描是出版社历史资源(通用提法是纸质文档)电子化的第一步,也是数字出版中电子书加工的第一步。

以某出版社为例,图书扫描图的要求如下:①图片文件命名要求按名称排序,与纸书页的顺序一致;②从封面到封底均进行扫描;③扫描图文件要求格式为TIF❶,其中,黑白文字要求扫描为600dpi❷的黑白图,黑白图片扫描为300dpi的灰度图,彩色图片扫描为300dpi的彩色图;④要求图像清晰、版心居中、无明显歪斜、无污点及颜色失真现象;⑤同一本书版心及图像尺寸统一,图像完整无残缺;⑥书

---

❶ TIFF格式(Tag Image File Format)是Macintosh上广泛使用的图形格式,具有图形格式复杂、存贮信息多的特点,是一种比较灵活的图像格式。

❷ dpi(dots per inch)是指单位面积内像素的多少,也就是扫描精度。dpi越小,扫描的清晰度越低,现在我们通常讲的打印机分辨率是多少DPI,指的是"在该打印机最高分辨率模式下,每英寸所能打印的最多"理论"墨点数"。

中插图单独提供文件,格式采用 TIF 或 JPEG❶。插图文件名要求含有所在页码的信息。

(2)扫描

将原稿拆开成单页,利用高清高速扫描仪进行原件扫描,实现原稿版式信息的电子化,也就是图像 PDF 文件。扫描完毕,要整体翻看扫描好的文件,确定没有扫描错误后,将原文件和扫描后文件按照合同要求的命名方式及存储结构分别放到指定的位置。对每幅图像均进行图像处理,按照生产流程规范对图像进行去脏、纠偏等图像处理,确保每一幅扫描图像的清晰、洁净。

图像 PDF 文件一般用于中华人民共和国成立前出版的图书及一些手迹、画册等以图片形式展示内容为主的图书。这类图书主要作为资料保管和保持原貌为主,无全文检索的需要。PDF 中所使用的图片格式要求为 JPEG,精度与扫描图保持一致,图像其他要求与扫描图一致。如一页中既有文字也有黑白图像的,文字部分采用黑白图,图像部分使用灰度图进行拼接。图书印刷原稿经过扫描后转换成的原版式电子化文档,如图 1-4 所示。

(3)修图

为了得到清晰的文档,扫描之后要进入修图工序。

对扫描图进行修图,需要采用专用软件和 Photoshop 软件,通过检测暗、亮度的模式确定其形状,将扫描原稿中的杂质尽可能去掉,保持内容信息显示的清晰度。这时得到的是图像文档,如图 1-5 所示。

(4)图像文档的作用与问题

①经过扫描、修图得到的清晰图像 PDF 文件,能够方便查阅、核对,同时能够方便进行数码印刷,即能够实现按需印刷(Print on Demand,POD),这是重新获得绝版、短版纸质出版物的最佳方式,也是数字出版中将内容转承到纸介质的跨媒体出版中的一种形式,有新的市场生命力。

②尽管这种文档已经可以显示阅读,但是离实际的阅读体验还存在相当的距离,最基本的阅读功能如连续打开、连续翻页、标记等,它都无法实现。因此,在整

---

❶ JPEG 是与平台无关的一种比较常见的图画格式,以 24 位颜色存储单个光栅图像。JPEG 支持最高级别的压缩,不过,这种压缩是有损耗的。

本书或者大批量的阅读时，还需要对图像文档进一步加工处理，以满足阅读体验的需要。

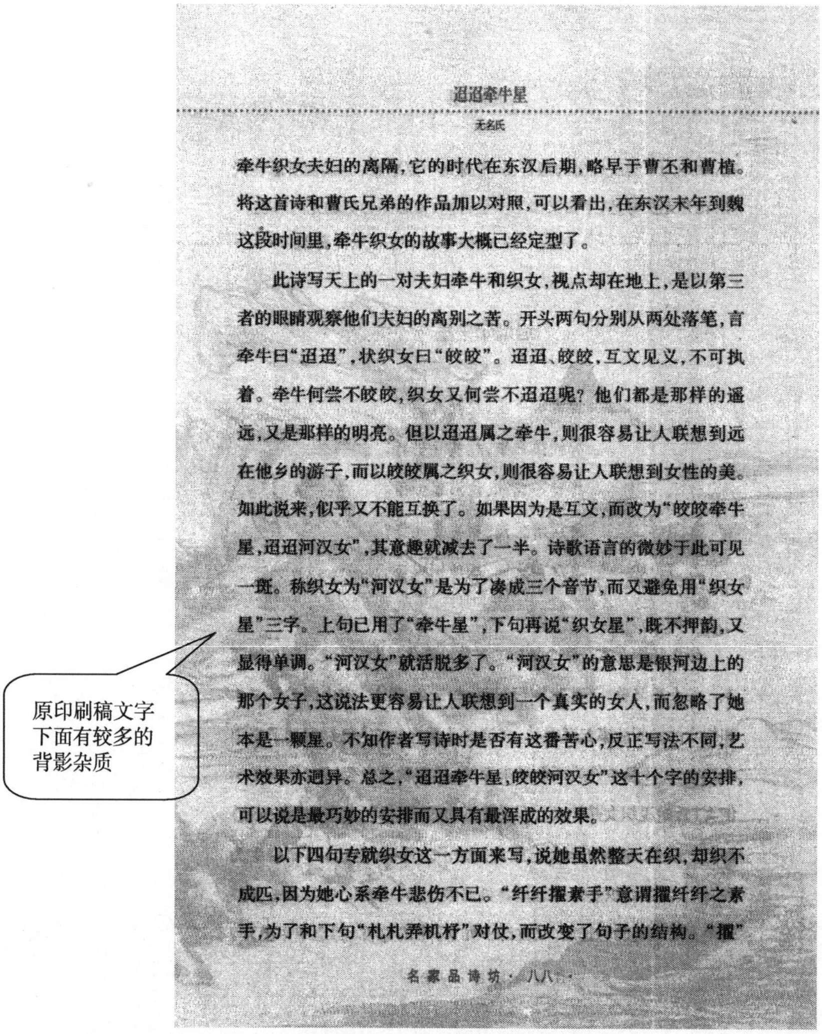
原印刷稿文字
下面有较多的
背影杂质

迢迢牵牛星

无名氏

牵牛织女夫妇的离隔，它的时代在东汉后期，略早于曹丕和曹植。将这首诗和曹氏兄弟的作品加以对照，可以看出，在东汉末年到魏这段时间里，牵牛织女的故事大概已经定型了。

此诗写天上的一对夫妇牵牛和织女，视点却在地上，是以第三者的眼睛观察他们夫妇的离别之苦。开头两句分别从两处落笔，言牵牛曰“迢迢”，状织女曰“皎皎”。迢迢、皎皎，互文见义，不可执着。牵牛何尝不皎皎，织女又何尝不迢迢呢？他们都是那样的遥远，又是那样的明亮。但以迢迢属之牵牛，则很容易让人联想到远在他乡的游子，而以皎皎属之织女，则很容易让人联想到女性的美。如此说来，似乎又不能互换了。如果因为是互文，而改为“皎皎牵牛星，迢迢河汉女”，其意趣就减去了一半。诗歌语言的微妙于此可见一斑。称织女为“河汉女”是为了凑成三个音节，而又避免用“织女星”三字。上句已用了“牵牛星”，下句再说“织女星”，既不押韵，又显得单调。“河汉女”就活脱多了。“河汉女”的意思是银河边上的那个女子，这说法更容易让人联想到一个真实的女人，而忽略了她本是一颗星。不知作者写诗时是否有这番苦心，反正写法不同，艺术效果亦迥异。总之，“迢迢牵牛星，皎皎河汉女”这十个字的安排，可以说是最巧妙的安排而又具有最浑成的效果。

以下四句专就织女这一方面来写，说她虽然整天在织，却织不成匹，因为她心系牵牛悲伤不已。“纤纤擢素手”意谓擢纤纤之素手，为了和下句“札札弄机杼”对仗，而改变了句子的结构。“擢”

名家品诗坊·八八·

图1-4　印刷原稿扫描转换成的电子化文档

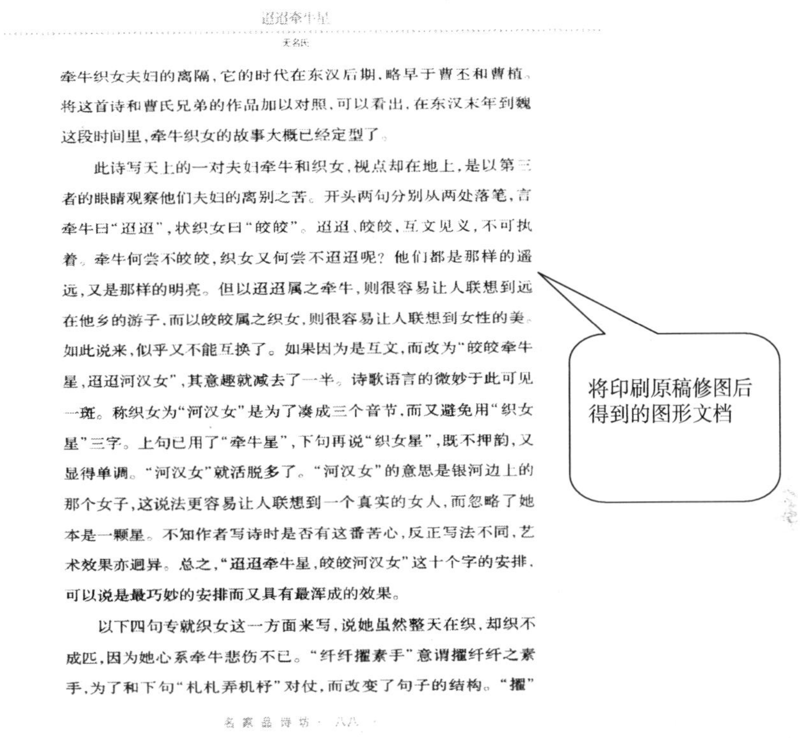

迢迢牵牛星

无名氏

牵牛织女夫妇的离隔，它的时代在东汉后期，略早于曹丕和曹植。将这首诗和曹氏兄弟的作品加以对照，可以看出，在东汉末年到魏这段时间里，牵牛织女的故事大概已经定型了。

此诗写天上的一对夫妇牵牛和织女，视点却在地上，是以第三者的眼睛观察他们夫妇的离别之苦。开头两句分别从两处落笔，言牵牛曰"迢迢"，状织女曰"皎皎"。迢迢、皎皎，互文见义，不可执着。牵牛何尝不皎皎，织女又何尝不迢迢呢？他们都是那样的遥远，又是那样的明亮。但以迢迢属之牵牛，则很容易让人联想到远在他乡的游子，而以皎皎属之织女，则很容易让人联想到女性的美。如此说来，似乎又不能互换了。如果因为是互文，而改为"皎皎牵牛星，迢迢河汉女"，其意趣就减去了一半。诗歌语言的微妙于此可见一斑。称织女为"河汉女"是为了凑成三个音节，而又避免用"织女星"三字。上句已用了"牵牛星"，下句再说"织女星"，既不押韵，又显得单调。"河汉女"就活脱多了。"河汉女"的意思是银河边上的那个女子，这说法更容易让人联想到一个真实的女人，而忽略了她本是一颗星。不知作者写诗时是否有这番苦心，反正写法不同，艺术效果亦迥异。总之，"迢迢牵牛星，皎皎河汉女"这十个字的安排，可以说是最巧妙的安排而又具有最浑成的效果。

以下四句专就织女这一方面来写，说她虽然整天在织，却织不成匹，因为她心系牵牛悲伤不已。"纤纤擢素手"意谓擢纤纤之素手，为了和下句"札札弄机杼"对仗，而改变了句子的结构。"擢"

名家品诗坊 · 八八 ·

图1-5　印刷原稿修图后的图像文档

1.6.2　画框识别

用光学字符识别方法对图像文档进行处理，是对扫描图进行代码化的工序。这一步称为OCR（Optical Character Recognition，光学字符识别）。

（1）OCR识别即电子代码化

OCR识别是对经过扫描、修图的图像文档进行分析，将图像文档翻译成计算机文字，获取内容信息及版面信息，OCR识别过程即电子代码化过程。通过OCR识别，图像文档中的文字图形将继续保存；图像文档中有表格的，则将表格信息一律变成计算机文字。因此，如何避免和消除代码化过程中的错误，或者说如何利用辅助信息提高图像文档的识别正确率，是OCR系统最重要的课题。在OCR识别界面，图像文档翻译成计算机文字显示的内容如图1-6所示。

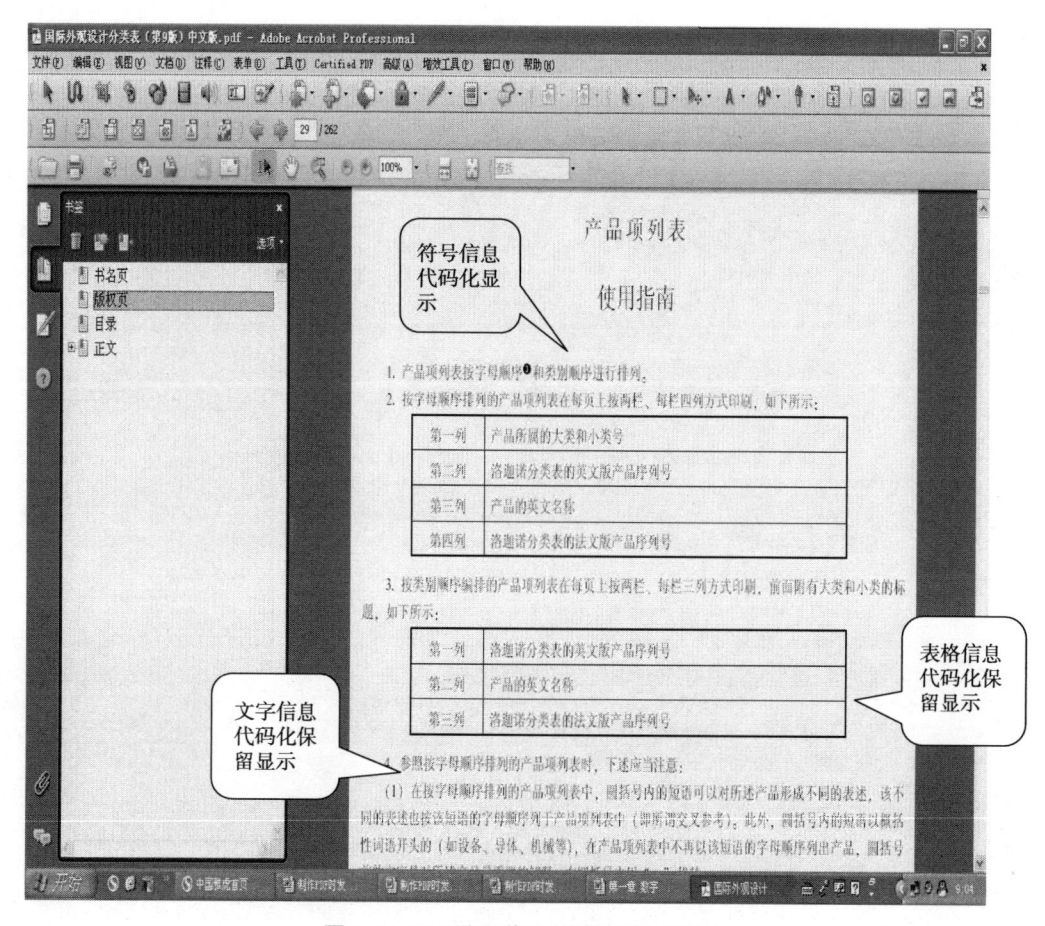

图1-6　OCR将图像文档进行转换示例

(2)文字图片的代码化

文字图片代码化的具体做法是,将经过修图的图像文档置入专用OCR软件中,进行画框识别。将横排文本、竖排文本、表格、插图、页码分开画框,框线不得压字、压图。在画框完成后对整个工作包进行检查,确保没有画框错误及漏画等现象。

画框识别一般分为两个步骤,一是对内容信息的代码化,二是中间软件程序自动跟踪标注位置信息。对内容信息进行画框识别时,文字信息的属性会自动用红色框边显示;图像信息的属性则自动显示为绿色。同时,识别时产生的中间程序会自动切图,进行位置信息的识别标注。

画框识别中,按页产生的文档尽管有一个记录位置信息的中间文件,但仍然包含在一个完整的文件中。也就是说,本道工序入口时是 TIF 图像文档,出口时是 TIF+中间文件。经过画框标记的文档,内容信息被分别用红色、绿色框标注;位置信息包括页码也同时标注出来并加以编号,如图 1-7 所示。

图 1-7　画框标识的代码化文档

(3) 复杂公式表格的代码化

一些比较先进的 OCR 系统，能够自动对带有复杂公式、表格的图像文档进行画框识别，多窗口展开进行比对。画框识别中展开的图像文档窗口，文字和公式信息被逐一作为图像标注；展开的代码化识别窗口中，文字信息和位置信息被逐一识别标注。更进一步，OCR 系统能够同时展开三个窗口自动进行操作，即展开原图像文档窗口、代码化过程窗口及识别结果窗口，如果识别结果与原图像文档有差异，则需要人工进行修正。复杂数字公式的画框识别示例如图 1-8 所示；复杂数字公式的代码化过程窗口展示如图 1-9 所示。

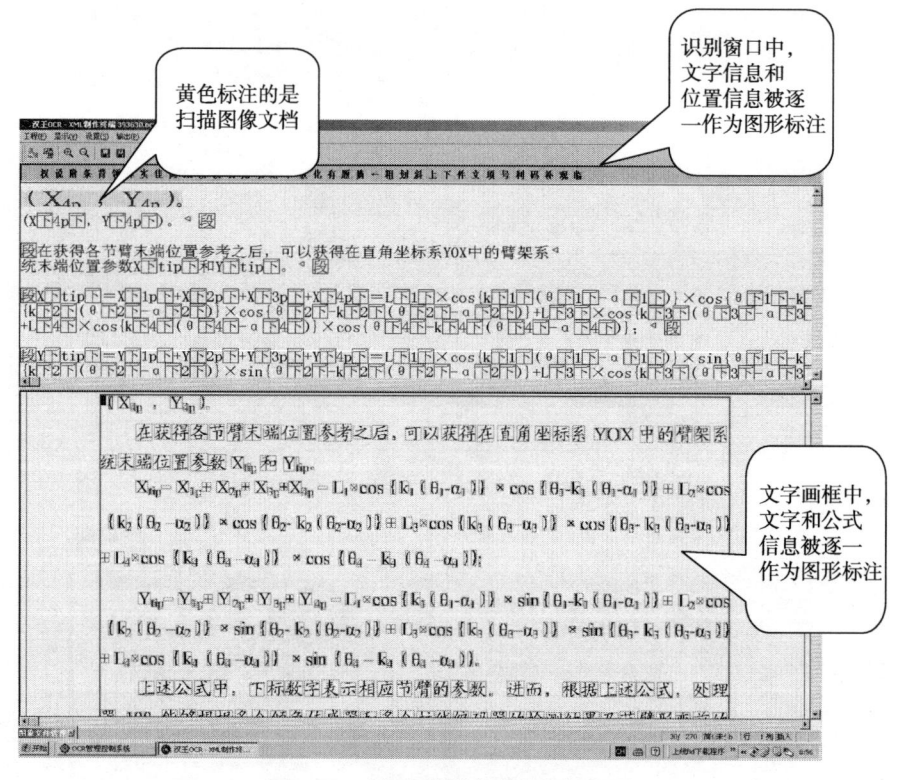

图 1-8 对复杂数学公式的画框识别

(4) 代码化识别的优点

OCR 识别后的图像文档中，内容信息和位置信息能够自动拆分保存。经过 OCR 转换的文档有以下优点：①点阵图像的技术特性是用正方形的小点来描述图像,所以在描述曲线及一些角度的直线时就会产生锯齿,经过OCR识别后,文字成为矢量图,能够有效避免锯齿状;②能减少图像文档的储存量;③识别出的文字可再使用及分析;④因无须键盘输入,可节省信息输入的人力与时间。

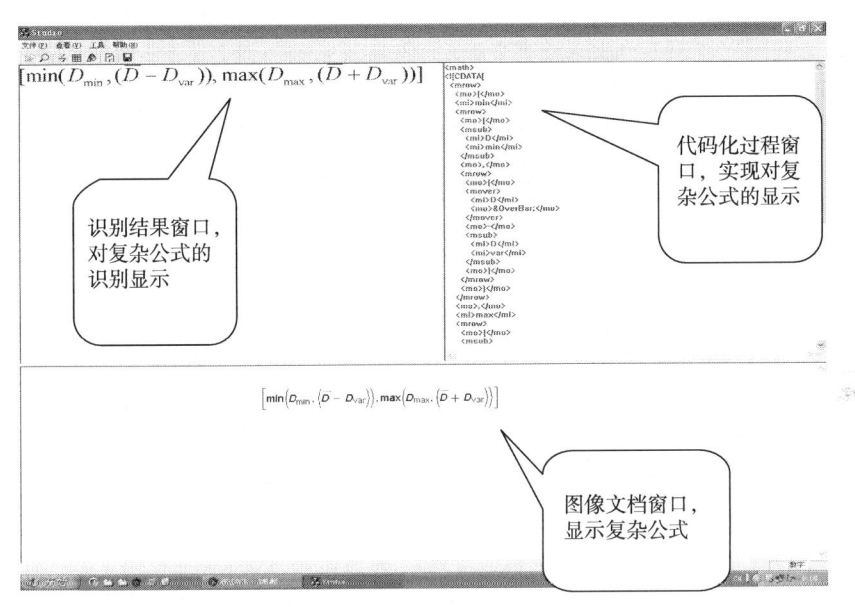

图1-9 复杂数学公式的识别窗口展示

1.6.3 文字审查

(1)窗口比对逐行逐字自动审查

系统采用多核心识别技术,对画框后图像文件进行识别。生产系统对多核心识别后的结果进行语义分析检查,根据上下文关联及词组组成进一步筛选识别结果,使得错误定位更加明确。最后将所有有问题的可疑字进行局部截取,截取后利用校对软件校对时,操作员看不到整页图书,只能看到页面的局部,有效地保证数据安全。在文字审查校对软件界面中,会有两个窗口同时打开,使文本与原书扫描图像同时显示在计算机屏幕上。文字校对窗口中,中间文件对照画框识别窗口中的文字,通过光标逐行、逐字进行自动审查,可以实现文本与原书图像逐行对应,操作员可以逐行对照原书图像校对文本内容,使得数据更加精密准确,文字内容差错率可以控制在三万分之一以内。文字审查校对程序界面如图1-10所示。

图1-10 审查软件自动进行逐行逐字光标跟踪检查

(2)查错时的人工修正

专用改字检查程序对上道工序进行二次质量检查,针对一些易混的相似字及特殊符号,形成自主研发的易错字符集和符号集,通过程序对易出现识别错误的相似字或特殊符号进行处理,可以轻松校正,以保证数据准确性。文字内容差错率控制在万分之一至万分之三以内。

如图1-11中,黄色底纹标出的图形文档信息与OCR识别产生的中间文件进行比对,当发现OCR识别有误时,系统会提示。这时需要采用人工方式进行修改,系统显示"园"字识别错误为"国",用黑色块光标提示。

图1-11 审查软件自动识别错误需人工修改

1.6.4 PDF文档加工

(1) PDF文档加工要求

PDF文档加工要求内容完整,无缺页、重页、页码顺序颠倒的情况;根据图书目录添加书签,书签内容从文本中复制,同时检查是否与纸质书一致,并删除多余空格,使得书签内容文字差错率小于三万分之一。并设置文档属性,使得打开PDF文件时,自动显示书签,且书签只展开到第一级目录;PDF初始放大率设置为"适合页面",书签动作缩放比例设置为"承前缩放"。对PDF文档的加工一般有两种需求:第一种为双层PDF;第二种为版式还原的纯文本单层PDF。

(2) 双层PDF文档加工

利用导入软件将中间文件的信息导入到专业排版工具中进行初步批量排版,批量排版可以把原书字体、字号、行距等信息批量处理并导出符合要求的PDF文件,导出的PDF文件中的文字及图像位置信息将与原书基本一致,至此将形成初步排版的版面文件。

添加书签,根据图书目录添加书签,书签内容从文本中复制,同时检查是否与纸质书一致,并删除多余空格,使得书签内容文字差错率小于三万分之一。并设置文档属性,使得打开PDF文件时,自动显示书签,且书签只展开到第一级目录;PDF初始放大率设置为"适合页面",书签动作缩放比例设置为"承前缩放"。

终审,检查每个PDF数据的完整性,是否有缺、重页,页码顺序颠倒,页面尺寸大小是否一致,版心是否居中、一致,页眉线是否有锯齿现象,书签设置是否有误,内容字体是否嵌入,缺字是否矢量造字等。通过终检以上问题,确保每个PDF的综合差错率控制在三万分之一以内。

双层PDF图像层的要求与图像PDF相同,精度一般为300 dpi。图像层和文字层的文字对位准确,反显区域与文字区域相差控制在1毫米以内。图1-12表示的是PDF图像层与文字层错位,尚未对齐的情况。

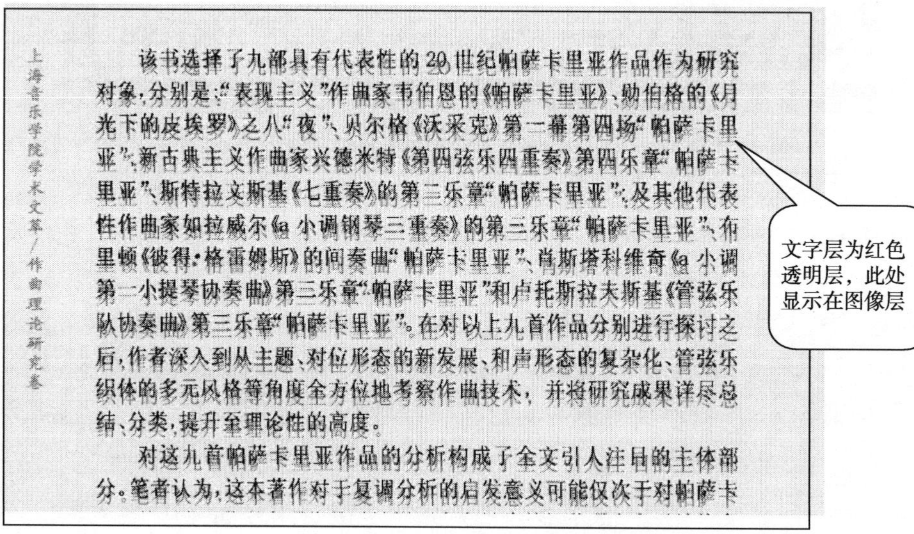

图1-12　PDF图像层与文字层尚未对齐示例

在双层PDF文档加工时,TIF图在下面,中间文件调用的文字层呈透明状在上面,调整文字层以对准TIF图。在显示阅读时,上层看到的是TIF图,选中需要进行标注时的内容则是在文字层。双层PDF文档显示对准的情况如图1-13所示。

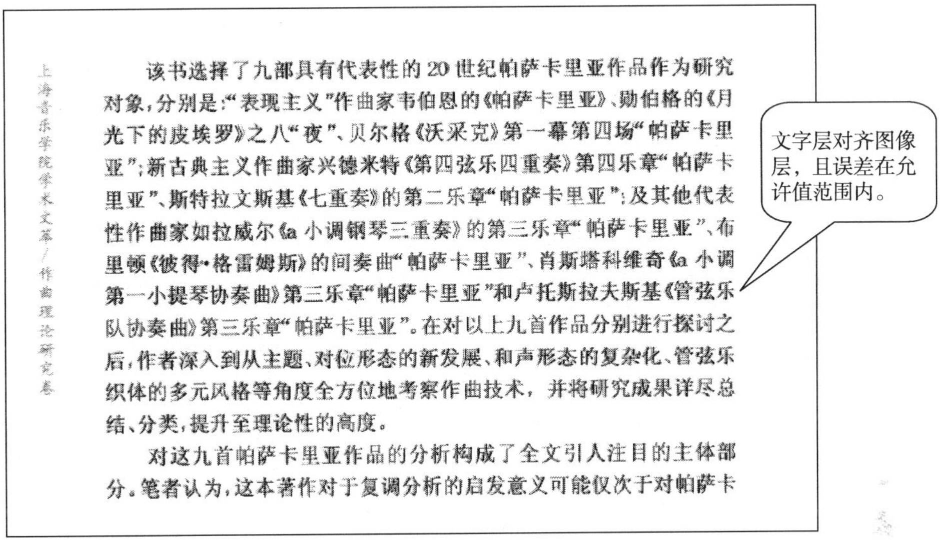

图1-13　PDF图像层与文字层对齐示例

在采用双层PDF文档进行阅读时,上层展现原图的图像文档,有两点需要说明：

①带有复杂公式、表格的单元不会在双层PDF时使用,不用再对公式、表格图像进行专门的切图处理。

②在双层PDF文档中,加工文字层统一为宋体。

(3)版式还原的纯文本单层(精排)PDF文档加工

单层PDF要求与双层PDF中的文字层大致相同,版式还原的纯文本单层PDF文档加工也叫做精排。排版人员使用专用排版工具进行人工精确排版。操作员根据原书图像通过改变正文、页眉页脚字体、字号、类型,标注上下标,换页眉线等一系列操作完成精确排版工作,排版的文件版式与原书内容保持一致。最后导出符合合同要求、符合国际标准的PDF文件。

有两点需要说明：

①要求版式与原纸质图书保持一致。部分没有或者难以辨别的字体可用相似字体代替。图1-14展示的是版式还原的纯文本单层PDF文档,它在图书的原有版式中,将文字内容以纯文本方式展现。

（图书的原有版式保持不变）

（内容以纯文本方式展现）

> 上海音乐学院学术文萃／作曲理论研究卷
>
> 该书选择了九部具有代表性的20世纪帕萨卡里亚作品作为研究对象，分别是："表现主义"作曲家韦伯恩的《帕萨卡里亚》、勋伯格的《月光下的皮埃罗》之八"夜"、贝尔格《沃采克》第一幕第四场"帕萨卡里亚"；新古典主义作曲家兴德米特《第四弦乐四重奏》第四乐章"帕萨卡里亚"、斯特拉文斯基《七重奏》的第二乐章"帕萨卡里亚"；及其他代表性作曲家如拉威尔《a小调钢琴三重奏》的第三乐章"帕萨卡里亚"、布里顿《彼得·格雷姆斯》的间奏曲"帕萨卡里亚"、肖斯塔科维奇《a小调第一小提琴协奏曲》第三乐章"帕萨卡里亚"和卢托斯拉夫斯基《管弦乐队协奏曲》第三乐章"帕萨卡里亚"。在对以上九首作品分别进行探讨之后，作者深入到从主题、对位形态的新发展、和声形态的复杂化、管弦乐织体的多元风格等角度全方位地考察作曲技术，并将研究成果详尽总结、分类，提升至理论性的高度。
>
> 对这九首帕萨卡里亚作品的分析构成了全文引人注目的主体部分。笔者认为，这本著作对于复调分析的启发意义可能仅次于对帕萨卡

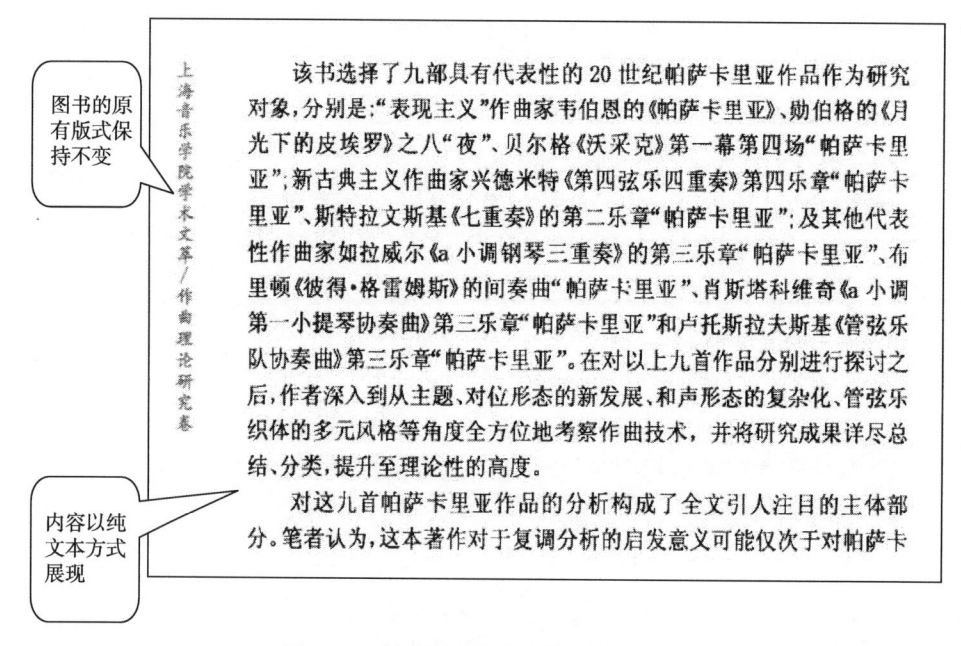

图1-14　版式还原的纯文本单层PDF示例

②生僻字造字问题。由于文字本身是矢量，不使用图片，因此碰到生僻字时，要求用矢量造字补缺。在补字对应的文本处统一用"■"表示。就是说，需要另行造字，再替补黑方块所代表的字。图1-15表示了生僻字的造字显示。

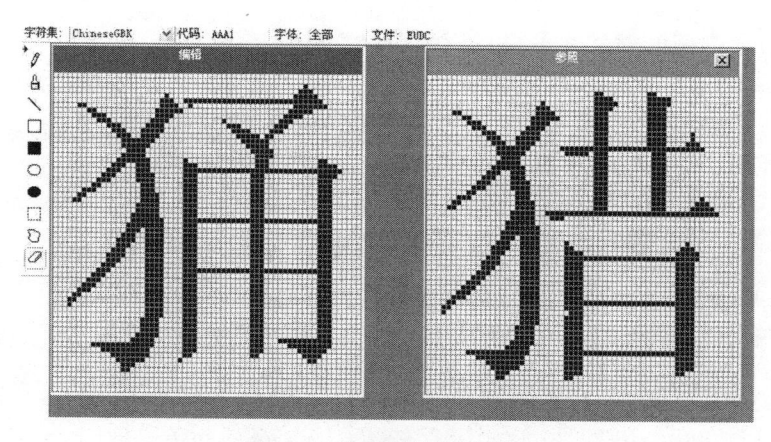

图1-15　生僻字的造字显示

将形成矢量的生僻字植入纯文本单层PDF文档中的情况如图1-16所示。

图1-16　植入单层PDF中新造的矢量字

(4)加工成品检查

检查每个PDF数据的完整性：①是否有缺、重页，页码顺序颠倒；②页面尺寸大小是否一致，版心是否居中、一致；③页眉线是否有锯齿现象；④书签设置是否有误；⑤内容字体是否嵌入；⑥缺字是否矢量造字等。通过终检以上问题，确保每个PDF的综合差错率控制在三万分之一以内。

1.7　非结构化加工需要说明的问题

1.7.1　精排PDF文档中的问题

(1)版式线处理

版式还原的纯文本单层PDF文档，即精排加工，排版仍要求与原纸质图书版式一致，因此，对于版式中原有上下边版式线条的地方，仍需要采用矢量图重新排版加线，如图1-17所示的上边版式线。

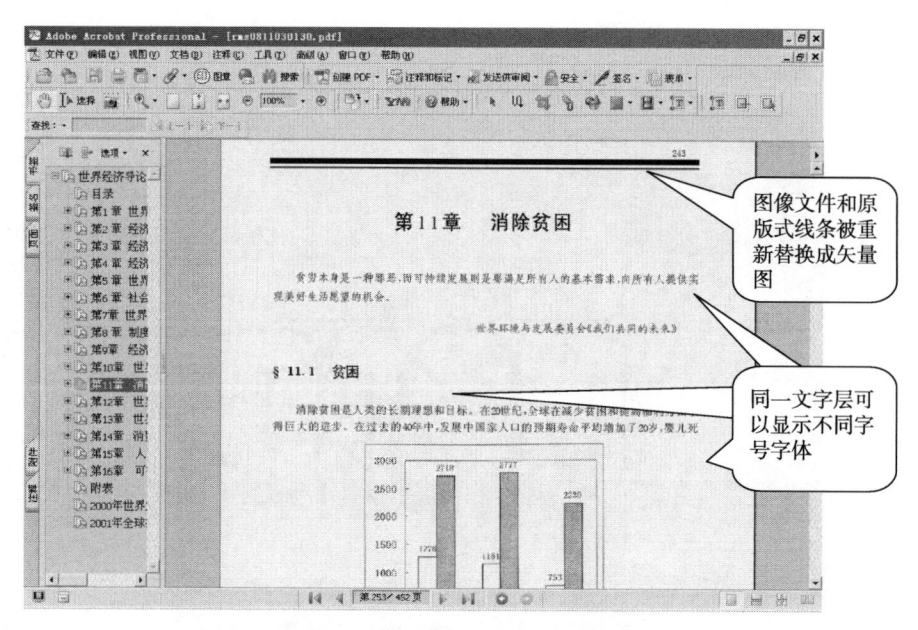

图1-17 重新排版的矢量图线条及不同字体字号矢量字

(2)字体保留

精排加工中套用原纸质图书的版式,文字层的文字可以各种字体显示,如图1-17的加工界面中显示的文字层,有三种不同字号的字体,黑体、仿宋体及宋体,这是和双层PDF加工文字层统一为宋体不一样的地方。

(3)图表显示

在精排的文档中,图片和表格均能够保持原书中的样式和位置,如图1-18所示。

(4)矢量字特点

精排中的字是矢量图,理论上讲可以无限制地缩放,不变形、不发虚。无锯齿状出现是单层PDF文档的典型特点,能够符合印刷质量的要求。被放大3200倍时得到的"是"字字形仍然清晰,如图1-19所示。

(5)成本因素

双层PDF文档加工时,需要人工干预的工作量较少,但精排加工需要人工干预的工作量较大,因此,在考虑加工的成本因素时,要综合选择合适的数字化加工类型。

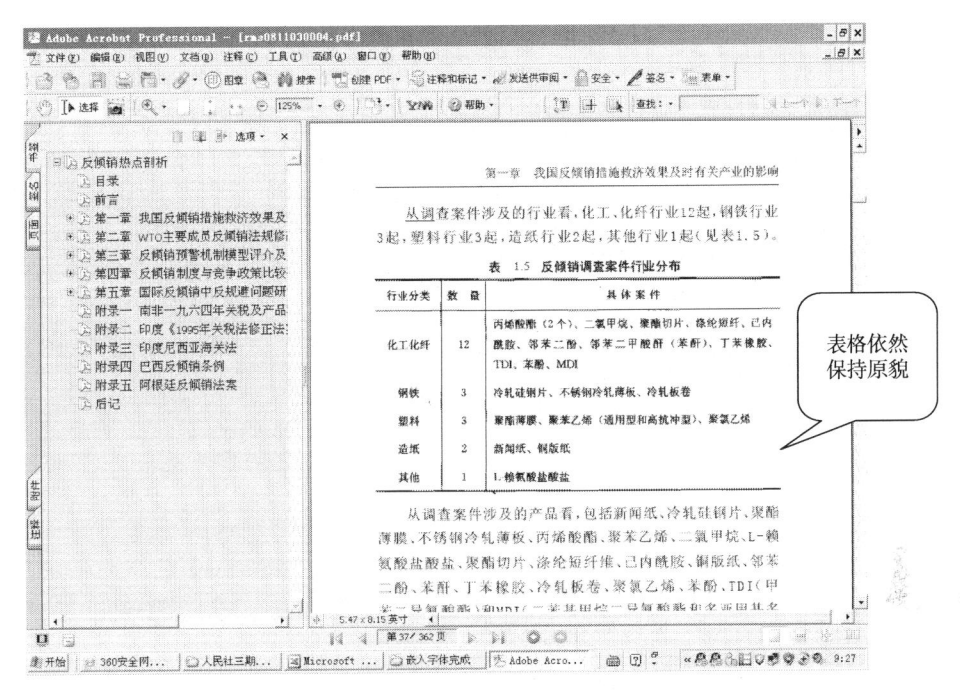

图1-18　单层PDF文档中的表格仍保留原貌示例

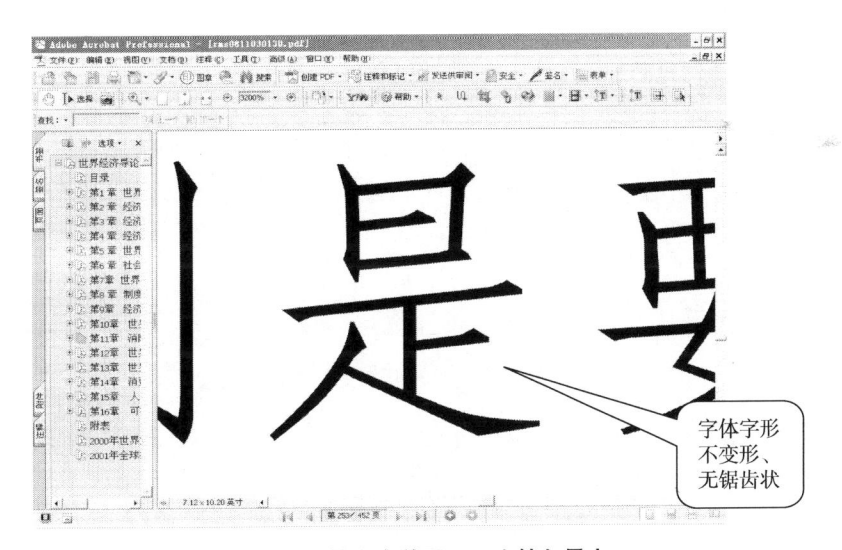

图1-19　纯文本单层PDF文档矢量字

1.7.2　PDF文档打开速度影响网站访问量

不论是双层PDF文档格式,还是版式还原的单层PDF文档格式,都是经过加工的非结构化内容。目前,在各种阅读网站、频道上显示的电子书,绝大部分是经过这种类型加工的。文档打开速度是影响网站访问量的一个指标,和直接扫描修图的图像文件比较,PDF文档存储量要小些。

1.7.3　重用印刷排版文件反解问题

在对历史出版资源进行数字化的过程中,需要重新将用于印刷版式的文档格式进行反解处理,使之进行文档格式转换,实现跨媒体重用。目前,已经有一些数字化加工企业能够将出版社现存的各种排版文件,如方正书版、方正飞腾、Page-Maker、InDesign等排版文件,经过程序转换与精加工,制作成国际通用的PDF、XML、ePub等标准格式。通过反解软件的转换,可减少重新扫描修图的步骤,直接进入校对、标引工序,生成的文件可以跨媒体用于印刷版、网络版、手机版、阅读器发布等,如图1-20所示。

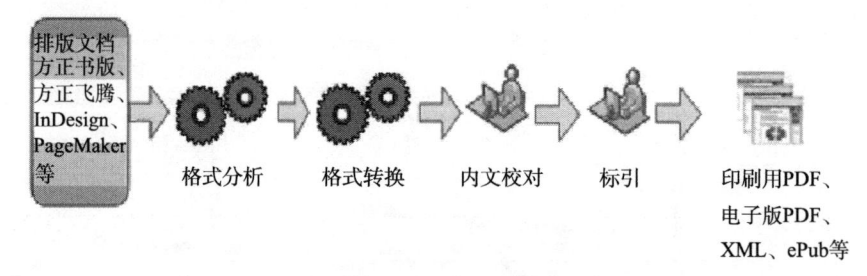

图1-20　印刷版文件反解格式转换加工流程

1.7.4　增量出版资源数字化加工问题

上述所讨论的问题是针对纸本图书进行数字化加工的问题,实际上,出版社每日都在生产新的图书。这就提出一个问题,能否直接将已经是数字化的新书内容制作成电子书?答案是肯定的。为了方便制作各种文件,需要开发一些实用的加工工具。如人民出版社自主开发了PDF制作校正XML、XML分析入库、数据转发、动画书加工制作等一系列加工工具,可以直接将新版图书排版文件加工为单层PDF文件,这样就节约了成本,扩大了加工生产线应用范围,优化了加工流程。

1.7.5 非结构化加工文件适用数字化阅读的一般要求

出版社生产的内容资源转化成数字化形式,目前阶段主要是历史文献资源的电子化,所采用的技术和服务模式仍沿用传统纸质出版模式。非结构加工文档能够满足在互联网、移动终端上阅读的基本需求。这是现阶段电子书发展的主要阶段,也有学者称之为电子书1.0[1]。在数字环境下,出版社要解决的是如何将出版内容符合互联网媒体的链接、关联、搜索、互动的特性,如何与读者产生新的联系从而产生经济和社会效益。内容资源的结构化管理、用户体验的数据挖掘及随需应变的运作服务,构建出动态开放的内容资源平台,是数字出版发展的高级形态,也提出在数据层需要进一步深度标引的课题。

1.8 内容对象的结构化加工

互联网具有的链接、关联、互动与搜索功能,形成不同于纸媒时代的内容生产与消费方式。非结构化加工的出版资源还不能充分展现网络媒体的上述功能,缺少革命性的突破和创新。出版社的内容资源需要进入到信息化阶段,实现内容对象按知识元拆分重新组织,进行结构化加工,以便充分利用内容形成适应跨媒介、跨平台、跨渠道传播的出版物,最终快速响应市场的需要。

1.8.1 哪些内容需要进行结构化加工

在数字化加工类型中已经讲到,在CRM系统中,有重用、再生价值的出版资源,就不能仅仅停留在非结构化加工阶段,而需要根据其性质、特点、类型等,将内容对象进行碎片化,建立相应拆分后的内容对象资源库,提高内容的利用率,以满足新的数字产品和商业模式的需要。CRM系统中的出版资源可能会有多种类型,例如,根据图书资源的不同性质、特点,可分类为论著类、教材教辅类、辞书类等。

---

[1] 百道新出版研究院程三国. 电子书的三个世界:网易科技[EB/OL]. (2011-01-09)[2018-10-29]. http://tech.163.com/11/0109/19/6PVSOFJ300094JDJ.html.

再进一步针对不同性质的图书资源,采用不同的反解方式,并对应CRM系统中的不同资源库类型。例如,按结构拆分的论著库,按篇章节拆分的教材教辅库,按条目拆分的辞书语料库,等等[1]。尽管对应的内容对象不同,但是进行拆分的规则和结构化方式基本上是一样的,都需要进行XML标引。

对元数据以及内容对象的XML标引,首先要由甲方监理方提出XML数据加工需求,加工方再按照甲方监理方用户的要求进行参数设置加工标引。

1.8.2　XML数据标引

(1)针对不同数据内容进行XML置标

XML标记语言是一种简单的数据存储语言,使用一系列简单的标记描述数据,这些标记是一个公共格式,可以用方便的方式建立,不依附于特定浏览器。XML占用的空间虽然比二进制数据要多,但它极其简单,易于掌握和使用,没有固定的要求。因此,XML被广泛用作跨平台之间交互数据的形式,主要针对数据的内容,通过不同的格式化描述手段,生成对应的HTML、PDF或者其他的文件格式进行表达。

用XML标记元数据,其语法为:<标记 属性=值>信息内容</标记>,前面< >为信息内容的开始标记,后面</标记>为信息结束标记,二者成对出现。开始标记中的"属性"是提示计算机处理用的参考信息,用以识别信息的语义,为建立的倒排档提供内容析出的依据。例如,本书第1版用XML方式记述的部分基础书目信息元数据如下。

　　　　<书名>数字出版实用教程</书名>
　　　　<著者>张志林 黄孝章 陈功明 </著者>
　　　　<出版地>北京</出版地>
　　　　<出版社>知识产权出版社</出版社>
　　　　<出版年月>2011.10 </出版年月>
　　　　<开本尺寸>787mm×960mm </开本尺寸>

用XML记述内容对象数据,则要根据内容对象的各种类型的结构化需要。对图书的类型结构化可以分为如下三类,每一种类型在进行XML标引时的数据内容

---

[1] 张国强,林江发.数字出版资源库建设实践[J].出版参考,2010(33):18-19.

可以不相同。①论著类图书：每篇论著可供结构化的内容包括标题、作者、摘要、关键词、文章内容等。②教材教辅类图书：按照篇、章、节来反解内容。③辞书类图书：先将辞书以条目为单位进行反解，再进一步把条目里面不同意义的内容结构化。最终形成一本辞书对应一个条目集合，条目集合里面每个条目都是结构化的数据。

(2)图书元数据的XML标引

如前所述，图书元数据信息用处大，应尽可能多加标引，可以包括的内容有书名、年份、责任者、主要责任者关系、出版社、出版地、摘要、主题词/关键词、其他题名、作品类型、次要责任者、次要责任者关系、出版日期、标识、标识类型、纸书价格、版次、印次、字数（千字）、中图分类号、语种、地图法分类号、中国分类法、索书号、目录等。以人民出版社为例，其作为甲方监理方用户，提出对政治类图书的元数据标引的加工要求，如表1-1所示。

表1-1 ××数据库基础信息元数据加工要求

名称	要求
唯一标识号	图书唯一标识
书名	包含副标题
丛书名	作为一个系列，并且系列中每册图书都有书号或定价，可单独销售
套书名	作为一个系列，并且系列中每册图书没有书号或定价，不可单独销售
作者	包含著作方式，著作方式与作者名以空格间隔，多个作者之间以空格间隔
出版社	多个出版社联合出版，以书号为准，无书号的以排列在先为准
其他出版社	本书与其他出版社联合出版的出版社名
ISBN	书号，不含分类号部分，无书号的图书可空
出版日期	——
版次年	——
版次月	——
版次	——
印次年	——
印次月	——
印次	——
译者	包含译著方式，译著方式与译者名以空格间隔，多个译者之间以空格间隔

续表

名称	要求
开本	内容包含"开"
开本尺寸	——
字数	版权页字数,单位为千字,内容不含单位
页数	图书正文页数,单位为页
定价	——
语种	——
内容简介	——
目录	——
关键词	——
中图分类	——
封面图片	尺寸统一为197mm×279mm

(3)正文文本的XML标引

以北京中献拓方公司为例,根据合同提供的XML标准,对数据标引程序进行配置优化,在加工生产流水线上进行。首先要制定完备的DTD[1],标识程序加入相应标签,如角标标签。编写相应的XML文件,使其能够在IE浏览器显示图书内容,根据显示结果检查标引正确与否,以此加工生产出满足甲方监理方要求的XML文件。

在画框识别的代码界面中,红色画框表示锁定的文字内容,位置信息已经由中间文件描述,每一个中文字符或者英文字符分别用绿色画框标注,标题章节及每一行都有起始、结束内部标识符进行标记,如图1-21所示。

带有图形的正文文本XML标识中,图用绿色画框锁定,在标引框中并有标记表示,带有图形的正文文本XML标识示例如图1-22所示。

---

[1] DTD(Document Type Definition)是一套关于标记符的语法规则,是XML文件的验证机制,属于XML文件组成的一部分。DTD是一种保证XML文档格式正确的有效方法,可通过比较XML文档和DTD文件来看文档是否符合规范,元素和标签使用是否正确。每一个XML文档都可携带一个DTD,用来对该文档格式进行描述,测试该文档是否为有效的XML文档。各机构都能依DTD建立XML文件,并且进行验证,就可以轻易的建立标准和交换数据,满足网络共享和数据交互。

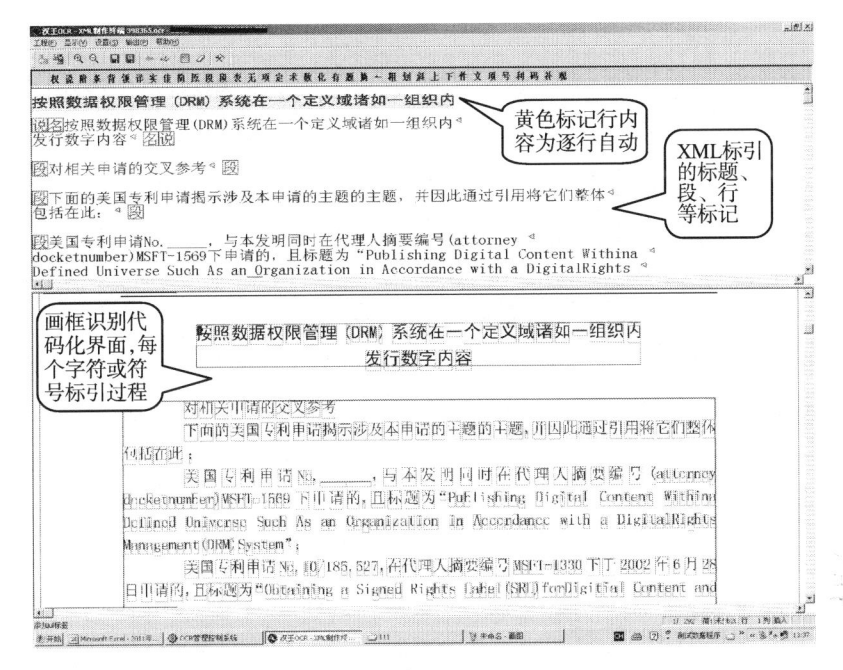

图1-21　正文文本的XML标识示例

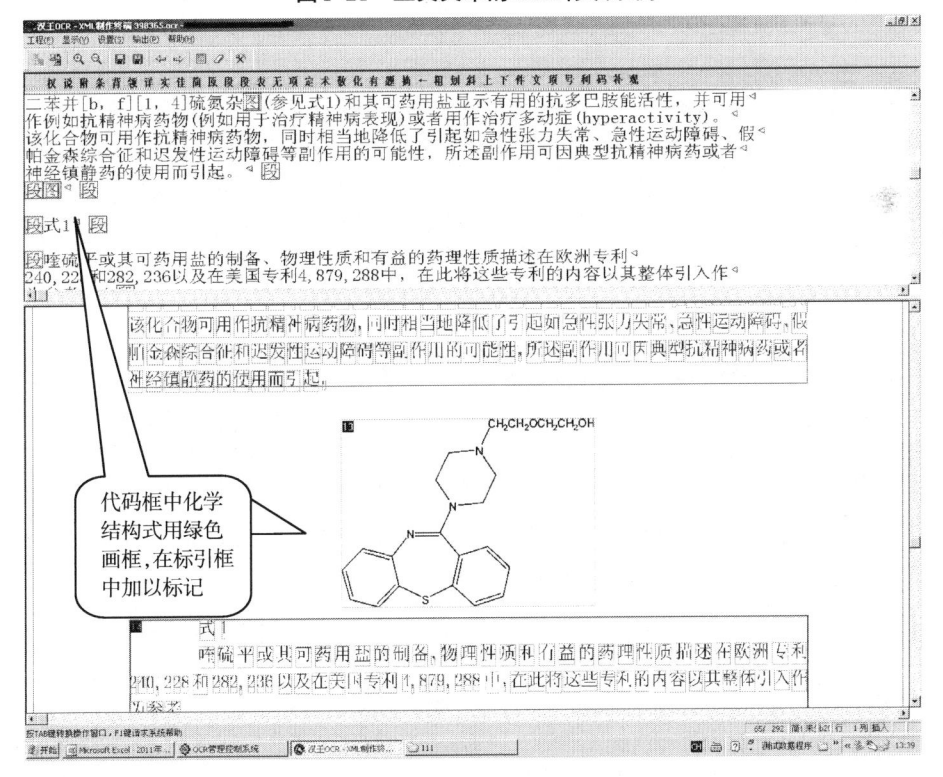

图1-22　带有图形的正文文本XML标识示例

带有表格的正文文本XML标识中,表格用绿色画框锁定,在标引框中并有表的标记,带有表格的正文文本XML标识示例如图1-23所示。

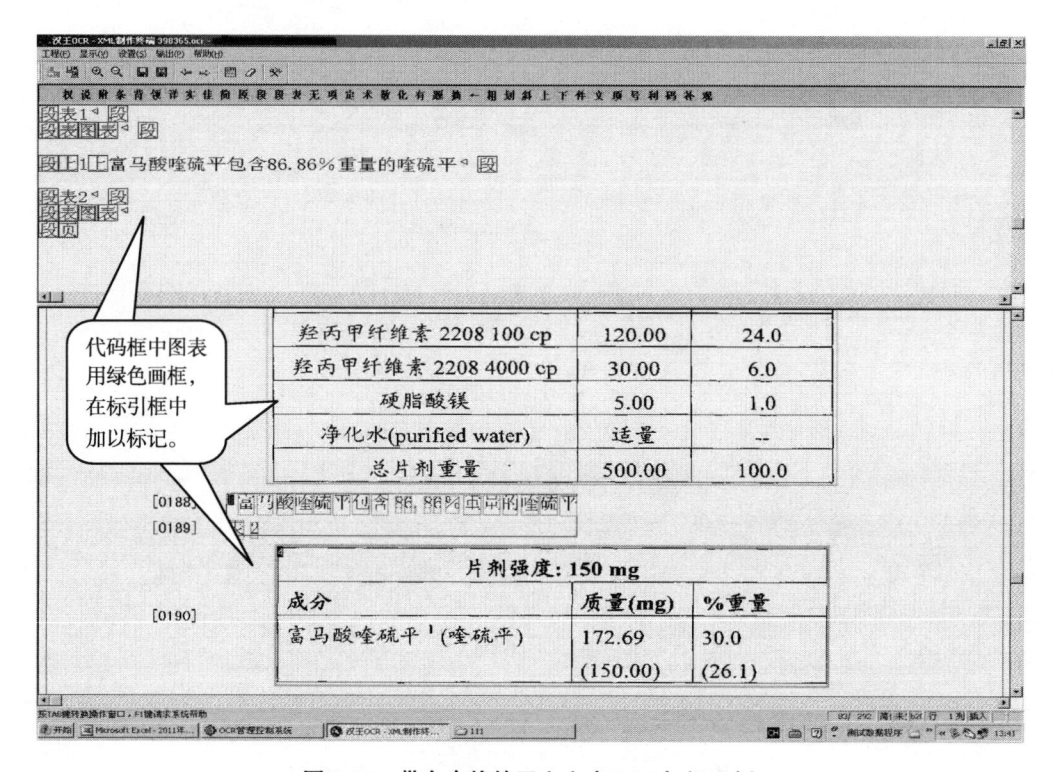

图1-23 带有表格的正文文本XML标识示例

(4)XML标引是跨媒体出版的基石

根据上述对XML标引的讲述可以了解,尽管原始文档有多种格式,但归一化处理后形成标准的图书XML标引,通过程序初排或者程序转换之后,就可以形成纸书或者PDF和ePub等电子书,实现内容的跨媒体呈现。因此说,XML标引是实现跨媒体出版的基石,如图1-24所示。

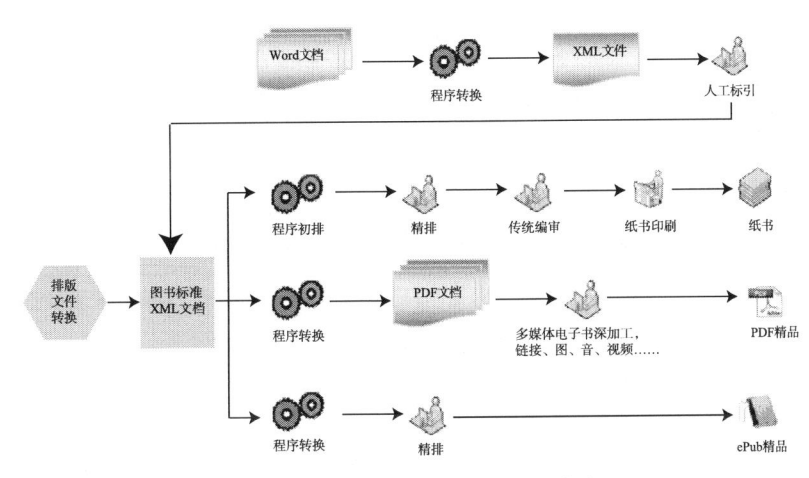

图1-24 基于XML标引实现的跨媒体内容呈现

1.8.3 基于内容的XML深度标引

(1) 内容深加工为满足未来阅读商业模式需求

在CRM系统中有重用、再生价值的出版资源,就不能仅仅停留在非结构化加工阶段,而是需要根据其性质、特点、类型,对内容对象进行碎片化,建立相应拆分后的内容对象资源库,提高内容的利用率、重用率、再生率,以满足新的数字产品和商业模式的需要。CRM系统中的出版资源可能会有多种类型,例如,根据图书资源的不同性质、特点,可分类为论著类、教材教辅类、辞书类、其他类等。针对不同性质的图书资源采用不同的反解方式,并对应CRM系统中的不同资源库类型,如按结构拆分的论著库、按篇章节拆分的教材教辅库、按条目拆分的辞书语料库等[1]。尽管对应的内容对象不同,但是进行拆分的规则和结构化方式是一样的,都需要进行基于内容的XML标引,甚至是深度标引。

(2) 内容深加工需要直观的标引过程学习

基于内容的XML标引是国外出版社开展数字出版已经走过和已经实现的工作,有很多成熟的经验,但是通过文献和国外考察,只能了解到通过XML标引的具体数字出版产品所具有的强大功能,快速的市场用户需求响应能力,成熟的数字出版商业模式,很难见到具体的基于内容的XML标引加工过程的讲述,也鲜有实际的加工界面的展示。国内也有出版社进行基于内容的XML标引,尤其在专业

---

[1] 张国强,林江发. 数字出版资源库建设实践[J]. 出版参考,2010(33):18-19.

出版、教育出版中，已有成功盈利的典型，但是目前还没有见到基于内容的XML标引生产过程的描述。在此，以知识产权出版社建设的中国药物专利数据库数字出版产品为例，分析基于内容的XML标引的特点和加工过程。

（3）基于XML深度标引的中国药物专利数据库加工示例

中国药物专利数据库（简称药物专利库）是目前全球唯一深度加工标引的中国药物专利数据库。其中，中药、西药专利题录数据库能够提供药物专利发明的主题信息检索和显示；辅助检索文档的中药材辞典、西药辞典和确定化学结构数据库，是进行中药、西药名称和结构检索的工具；方剂数据库和化学物质信息数据库收录专利中的化学物质信息和中药方剂信息，提供专业化的检索功能。同时，建成了中药材名称数据库、化学物质登记文档数据库等两个辅助数据库系统。长期以来，药物专利库的服务对象为专利审查人员，现已经面向社会提供服务，适用于大专院校、科研机构及制药企业等。中国药物专利数据库体系如图1-25所示❶。

基于XML标引的药物专利库，加工内容包括：①专利发明主题标引，②医疗应用标引，③范畴分类，④文摘重新撰写，⑤化学物质信息标引，⑥中药方剂信息标引等。以一份西药发明专利的申请文件进行深度加工以及在网页展示的界面形式为例，说明基于XML深度标引的内容拆分加工过程。一份中药或者西药发明专利申请，包括了专利申请书和专利说明书两大部分，专利申请文件有规范的结构条目要求。图1-26显示一份西药专利申请书首页信息；图1-27显示的是该专利的申请说明书中的一页，这是进行基于XML标引的原始对象信息。

在知识产权出版社自主开发的标引编辑器中，有三个窗口同时展开。左端窗口以层级式结构显示标引加工文件的结构位置，被标志的即为正在进行的拆分标引文件编号。右下窗口显示了需要被标引的申请书页面信息；右上方窗口是标引工作窗口，标引单中是进行了DTD的结构表单，需要将右下窗口中相应的信息人工添加到相关的栏目。在进行提要标引工作中，主题中被定义的核心词以绿色显示，其标引加工过程界面如图1-28、图1-29、图1-30所示。

通过上述标引加工，对专利申请和说明书的信息进行拆分标引，药物专利库

---

❶ 来源：中国知识产权网．http://www.cnipr.com/services/cplb/201004/t20100416_111610.html．

已经收录了自1985年以来公开的全部医药发明专利文献,共计近18万条数据,其中包括化学药物近11万条,中药突破7万条。标引记录的内容涉及具有治疗、预防、保健、诊断作用的药物化合物、药物组合物及其制备方法、使用方法的专利文献。还收录了新的药物中间体,洗发精或牙膏等生活用品及保健用品、食品中有实质性疗效的药物成分的专利文献,所收录的专利涉及31个IPC国际专利分类号[1]。

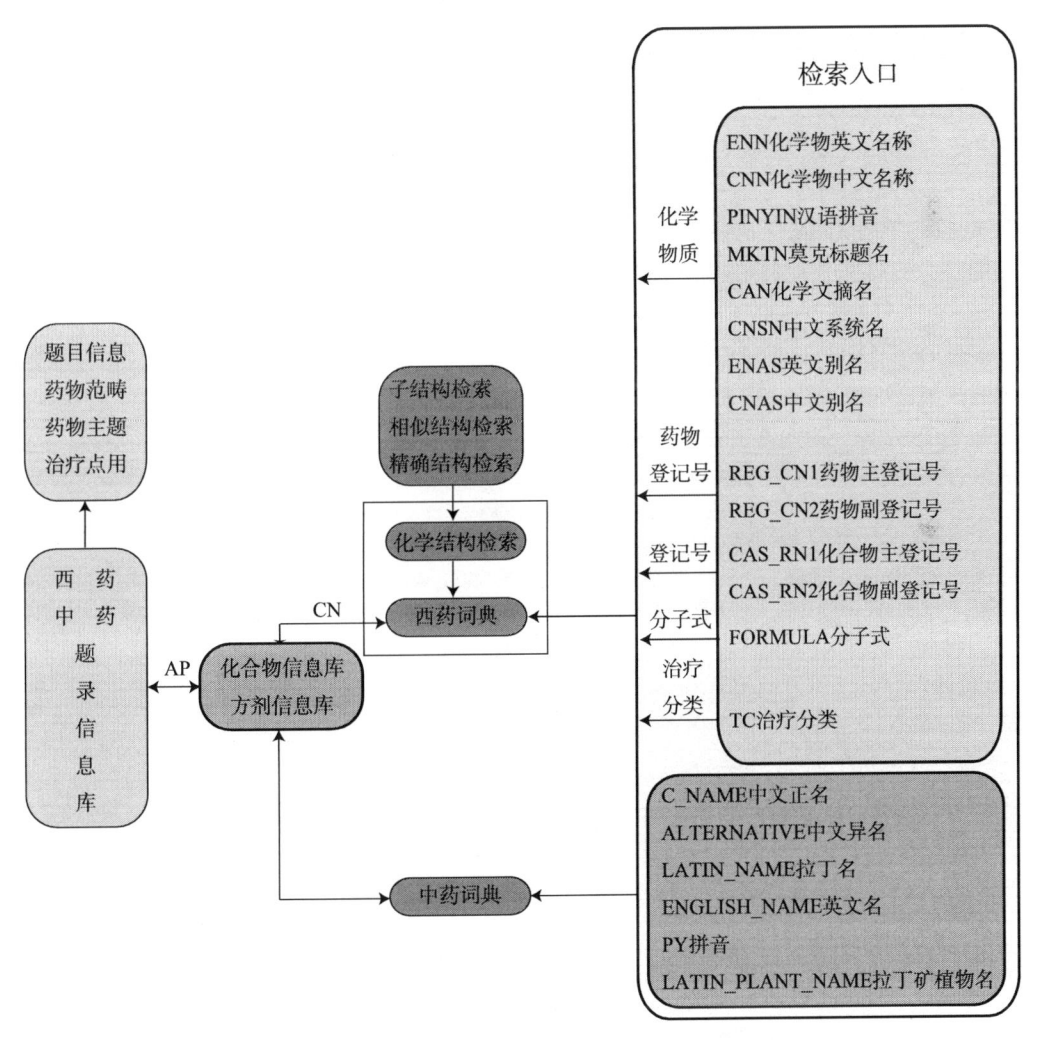

图1-25 中国药物专利数据库体系结构

---

[1] IPC(International Patent Classification)是目前世界范围内唯一通用的国际专利分类。

图1-26　一份西药专利申请书首页信息

图1-27　西药专利申请书信息

图1-28 西药专利申请书标引界面

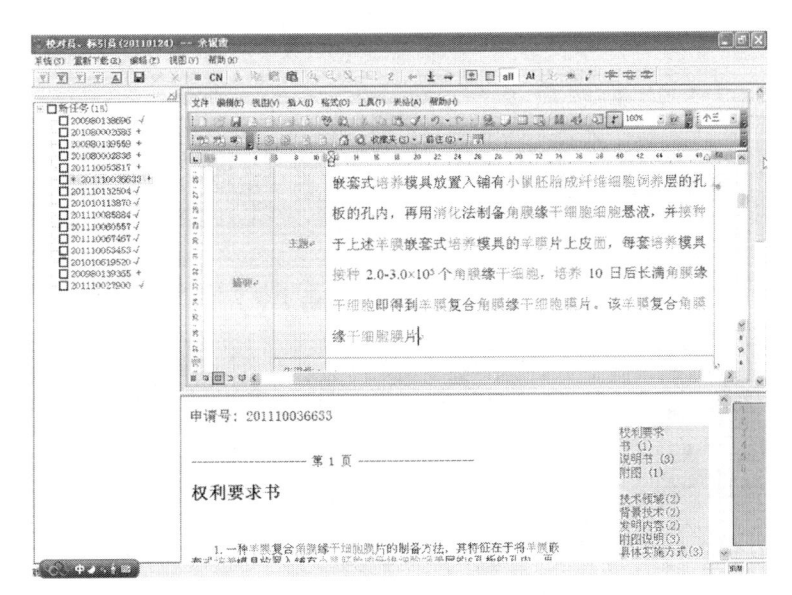

图1-29 西药专利申请书标引界面

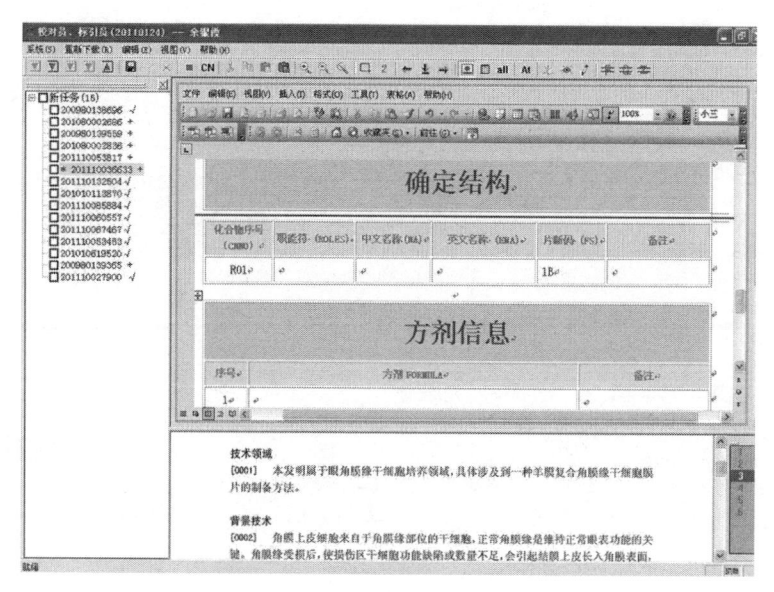

图1-30　西药专利申请书标引界面

图1-31至图1-34分别是药物专利库中经过深度标引加工,在知识产权网站上供浏览的两份药物专利信息界面。其中,图1-31和图1-32为一份西药专利信息,图1-33和图1-34为一份中药专利信息。

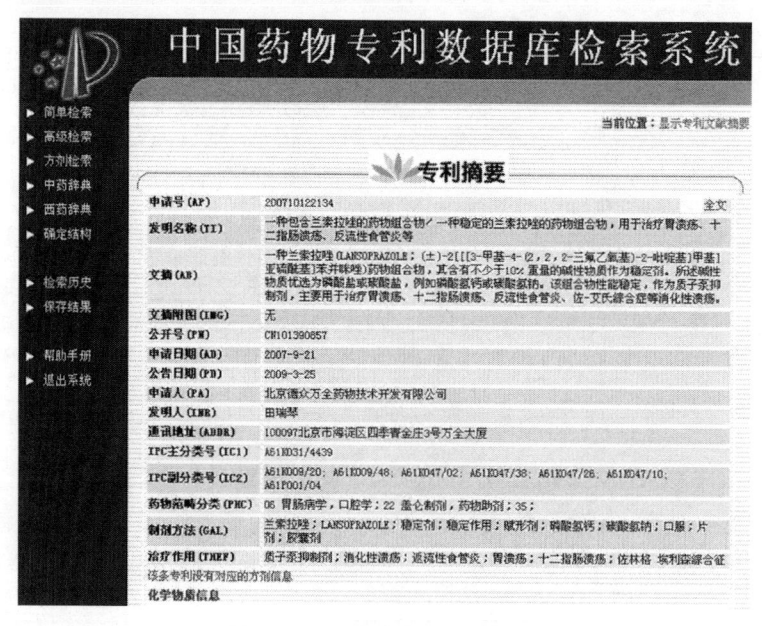

图1-31　一份西药专利具体信息

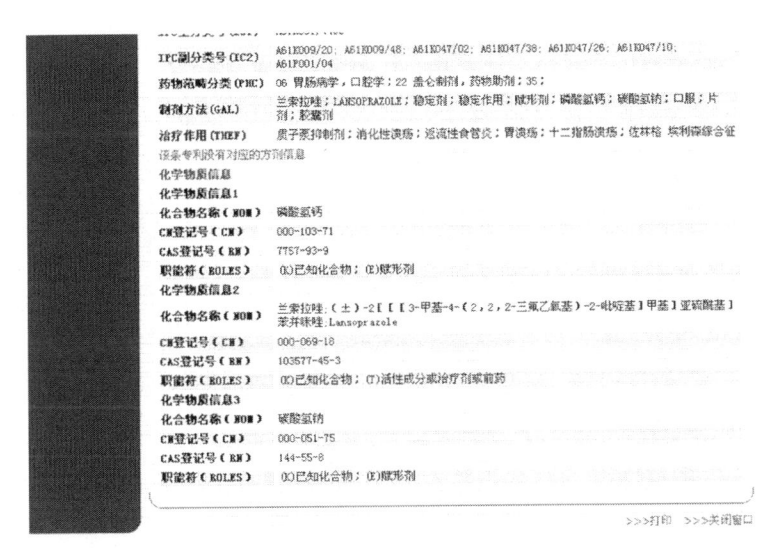

图 1-32　一份西药专利具体信息

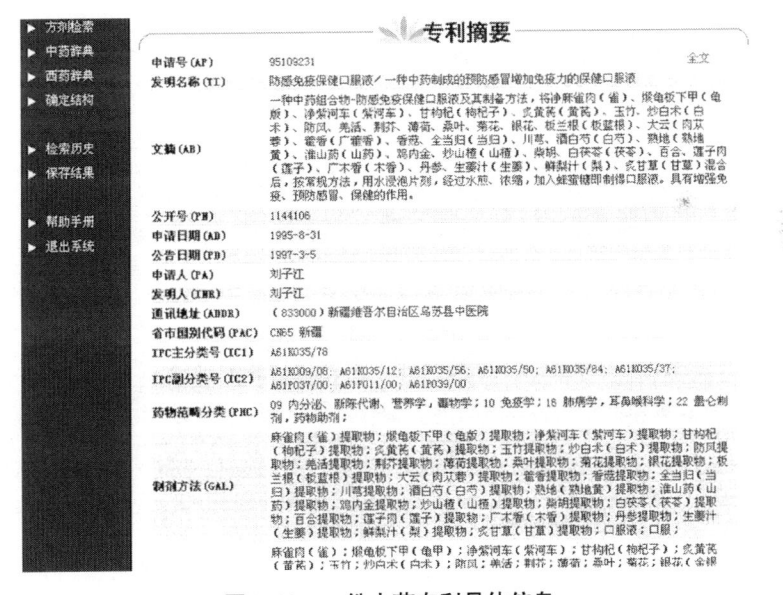

图 1-33　一份中药专利具体信息

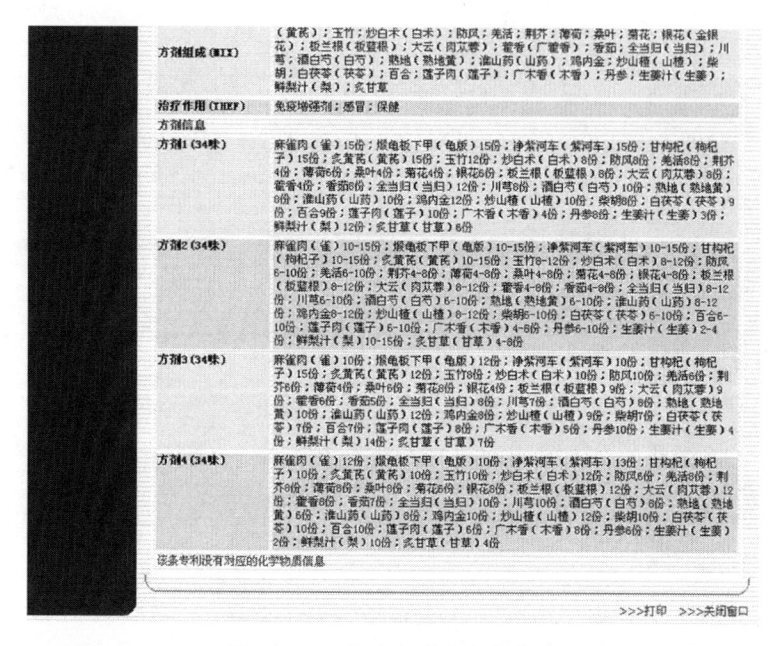

图1-34　一份中药专利具体信息

1.9　数字化加工数据校验修改和质量控制

1.9.1　加工数据质量检查的校验控制

数字化加工同样也需要质量控制。在数字化加工过程的后期,还有一个重要的环节是加工数据的质量检查,通常称之为数字化加工数据校验。这项工作有四方参与:甲方、监理方、加工方和校验方,有校验方对加工方提交的数据进行校验。

传统的折校方法[1]已经不能适应数字化加工对数据校验的需要,因此,现在已有专门开发的专用PDF检查工具,对包括繁简体图书的双层PDF文字层,或者单层PDF的文字,对照原图像数据进行逐行逐字比对,进行数字化加工的完整性、规范性检查,以及质量校验与修改。使用专门的检查软件在效率与质量控制方面都大大超过了传统的折校法。

加工数据的校验控制有一套完整的工序和流程。从数据交接开始,进行数据

---

[1] 折校,亦称"比校",即将原稿放在校对者正前面的桌上,校样拿在两手的拇指、食指与中指之间(右手同时执笔),逐行折与原稿相对应进行校对的方法。

完整性、规范性校验,并要出具完整性及规范性报告;对校验中检查出来的问题进行修正,在通过修正后进行数据成品交接。加工数据的质量校验包括:①图像质量校验;②PDF质量校验;③XML质量校验;④书目数据质量校验;⑤纸书检查。经过校验修改和质量控制后的数据综合差错率,一般要求在万分之一以内,一些重点文献甚至要达到三万分之一的标准。

1.9.2 校验文件交接

根据校验合同要求,校验方核实加工方提交的文件,包括:①书目清单(一式三份);②光盘数据(一式三份);③纸质图书,填写数据交接备忘函,双方核实相关项,确认后双方签字。提交的文件中,书目清单由甲方、加工方和校验方各存一份;光盘两份(密封一份)提交至甲方,校验方留存一份。

数据及图书交接完毕后,校验方需要派专人对图书及光盘进行封闭式管理,归类整理,以备校验工作之用。

1.9.3 数据的完整性及规范性校验

(1)专人对照清单进行交接数据检查

由专人负责对照书目清单,进行以下工作:①测算本批数据数量是否符合要求;②对照进度计划检查提交数量是否准确;③对照清单检查提交图书品种是否缺少;④利用程序检测:每本数据的文件夹个数,每个文件夹内是否存在相应的单双层PDF文件、XML文件,以及图像文件是否缺少。

缺少以上内容的任何数据,加工方都需要补充提交或者重新提交。

(2)对照原书文件的完备性检查

由专人负责对照原书进行检查,内容包括图像文件、PDF文件、XML文件是否存在缺页、残页、重页现象(纸质书本身缺页、残页、重页除外)等。检查结果记录填写"完整性规范性报告"。以上文件中,如果缺页数超过的一定比例,需要加工方重新提交该文件。

(3)对照命名规则的项目检查

按照合同命名的规则进行项目检查,内容包括:①每批数据第一层文件夹名是否与书目文件一致;②图书的完整书号和书名,期刊的完整名称、年代、当年期数和总期数；③每层文件夹下是否有插图文件夹（没有插图的数据不要此文件夹）；④单页扫描图文件夹、PDF文件及XML文件，单页扫描图中文件命名、排序是否正确；⑤图书PDF文件名是否与XML文件名完全一致；⑥纯图像PDF文件名前是否加前缀"Y"，目录XML文件名前是否加前缀"M"等。

(4) 对照命名规则的检查结果处理

对图书或者期刊校验检查的结果，要记入"完整性规范性报告"检查表中，提交给加工方，同时抄送甲方和监理方。加工方确认报告中指出的问题，并修改重新提交此批数据，校验方则继续校验，直到数据的完整性规范性合格为止，进入下一步质量校验阶段。

1.9.4　数据的质量校验

质量校验总原则遵照以原书内容为准。检查结果记入"差错明细单"，统计差错记入"数据校正和质量控制验收报告（总表）"，计算每本数据的差错率，判断验收结果是否合格。

(1) 图像文件质量校验

通过校验程序自动批量校验，内容包括：①检查图像的分辨率，是否满足合同要求各类图像文件的分辨率及格式要求；②检查图像尺寸大小，是否与原书一致并尺寸统一；③版心是否居中，是否有明显倾斜。

由专人负责打开图像全屏，无盲点式逐页对照原书检查图像是否清晰、有无污点、有无颜色失真、图像是否完整无缺等现象进行统计，对"单页扫描图"和"插图"中图像出现的以上任何问题，都有记入"差错明细单"。

(2) PDF文件质量校验

PDF文件质量校验包括双层PDF、单层PDF的质量校验。PDF文件检查需要建立一套完整的操作规范流程，尤其需要针对一些易混的相似字及特殊符号建立"易错字符集和符号集"，如人\入，日\曰，未\末，1\l，0\O等。PDF文件质量校验工具可以轻松校对易出现识别错误的相似字或特殊符号，保证成品差错率控制在规定的万分之一或三万分之一以内。采用专用的PDF检查工具进行文字内容检查，软件界面如图1-35所示。

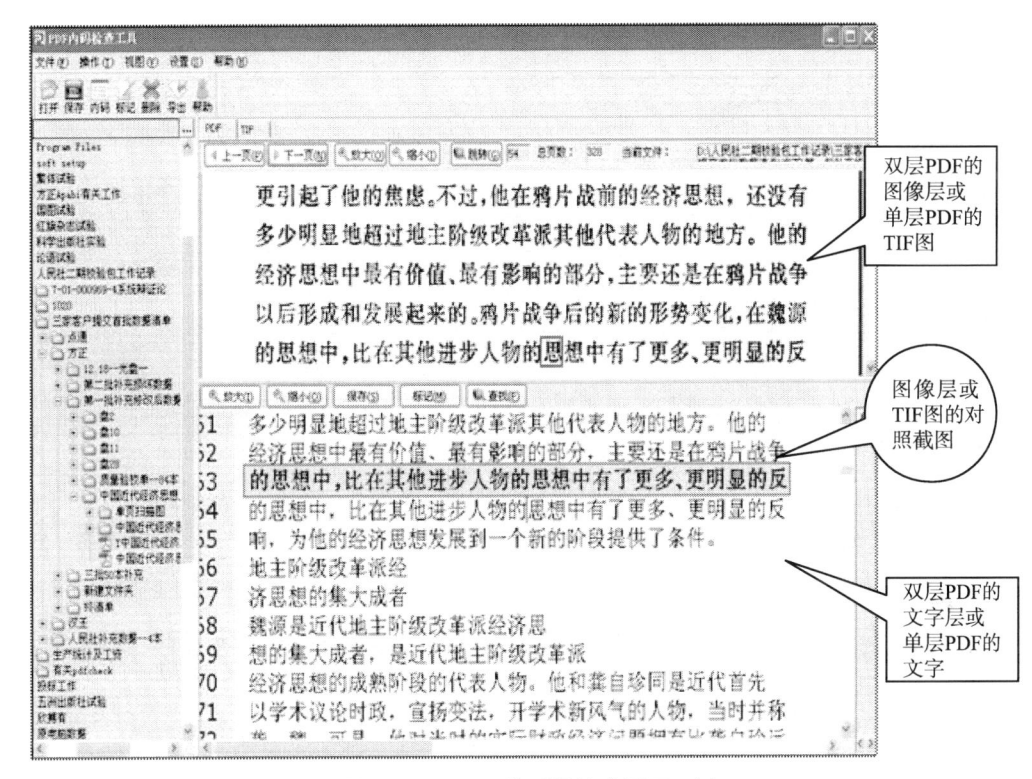

图1-35　PDF文件质量校验界面示例

①对双层PDF的文字层或单层PDF的文字，对照原图像进行逐行逐字比对，检查内容包括文字、外文、数字、页码、标点符号等，尤其注意相似字、可疑字，造字、特殊符号、上下标标注，繁体转简体（繁体图书），空格，标点的全半角等问题。

②遵照纸质图书或期刊的目录，检查双层PDF的书签是否有漏做、文字错误、链接错误；书签的动作缩放比例是否为"承前缩放"；PDF打开时是否同时显示书签，且展开到一级目录；PDF的初始放大率设置是否正确等。检查双层PDF的对位问题，是否在放大到200%的时候，反显区域与文字区域相差1毫米以内。

③遵照纸质图书或期刊的目录，检查单层PDF的书签是否有漏做、文字错误、链接错误等如②中所列各项书签设置错误。然后着重检查单层PDF的版式问题，行首行尾是否对齐、字体字号是否与原书一致、可代码化的文字是否以代码化形式展示、特殊字是否矢量造字等。

通过PDF文件检查工具，对照原图像对双层PDF的文字层，或单层PDF的文字进行逐行逐字比对，这种方法与传统折校效果一致，但是极大减轻了人力负担，节省了人力资源,校对速度有了很大的提升。

(3)纯图像PDF的质量校验

纯图像PDF的质量校验,内容包括:①由程序检查PDF中图像各项参数是否符合甲方要求;②由专人负责逐页对照原书检测纯图像PDF文件是否有缺页、多页、错页、页序错误,图像与文件搭配问题等错误,检查书签链接及内容是否正确,PDF文件初始设置是否符合要求。

对三种PDF文件的质量校验结果进行统计,以上三种文件中出现的任何错误,都要记入"差错明细单"。

(4)XML文件质量校验修改

开发程序批量校验每个XML文件(图书XML包括正文XML和目录XML文件;期刊XML包括文章XML和目录XML文件)是否符合规定的数据格式,如XML文件不符合数据格式,则该XML文件不合格。

通过软件,从经过质量检查校对的双层PDF、单层PDF中提取文字,与加工方提交的正文XML数据进行逐字比对,对不一致的文字内容、页码、符号标签等进行标注,再由专人负责修改校对。

对图书正文XML或期刊文章XML文件进行检查,内容包括:①影响正文内容文字连续性的内容是否已剔除;②与正文页码重复的页面前是否已加"*";③段尾是否回车、段首是否留有两个全角空格,段落间除回车和两个全角空格外是否有其他符号;④目录XML文件中是否有页码或层级标识错误。

对上述检查结果进行统计,正文XML和目录XML文件中出现的以上任何错误,都要记入"差错明细单"。

(5)书目数据逐条校对

由专人负责逐条校对,保证图书或期刊数据内容准确、无差错,并与文件所存文件夹一一对应。如果一册图书有一个数据项错误,则该条图书书目数据为不合格,需记入"差错明细单"。

(6)纸书拆装的质量检查

由专业人员负责纸书检查,内容包括:①可拆书装订后图书是否完整,页排序是否正确,是否有掉页情况发生,每页面积大小是否一致,有无明显歪斜,书脊保留是否完整;②甲方注明不得拆书的图书,加工单位是否保持完好无损;③原书本身有破损的地方,加工方需在书目清单中备注;④有破损但未备注的,校验方要记错,并录入"差错明细单"。

1.9.5 数据成品抽检及标准

(1) 按比例抽检加工文件

根据校验合同,对甲方提交的图书或期刊,抽取一定比例进行质量检验。按照约定的检验标准,以及校验方制定的具体方法,客观公正、实事求是地检查并分别记录图像文件、PDF文件及文本XML文件中的具体错误内容、错误类型、错误数量。如实填写"数据校正和质量控制验收报告(总表)"和"差错明细单",并在规定的时间之内向加工方和甲方分别出具质量验收报告。

(2) 校验合格标准的设立

对每本图书或者期刊加工的数据是否合格,可以设置标准如下:①单层PDF和双层PDF综合差错率大于万分之一,该书PDF文件不合格;②单层PDF对应XML差错率(含章节目录XML)超过万分之一,该书XML文件不合格;③双层PDF对应XML差错率(含章节目录XML)超过万分之一,该书XML文件不合格。

(3) 校验成品合格后的提交

对每批次验收结果是否合格的校验流程和设置标准如下:①每批数据按照是否进行了质量校验、成品修改分两类提交校验结果;②抽验数据中,差错率不合格数量占总抽验数量10%以上的,此批数据验收结果确定为"不合格";③验收结果为"不合格"的批次数据,加工方需要返工其中未进行质量校验的数据成品,通查类似的错误,并修改后重新提交;④直到此批数据的最终验收结果为"合格"后,校验方根据"差错明细单",负责对所检验的数据文件进行修改,并在约定时间内提交修改后的结果;⑤校验方在约定时间内提交数据,并把每个批次的完整数据(包括图像文件、PDF文件、XML文件、排版文件)以光盘形式提供给甲方一式两份。随盘还要附三份书目清单、完整性规范性验收报告单、质量验收错误报告单,由四方在工程备忘录及检验报告上分别签字确认,同时提交原纸质图书。

第2章　数字化生产

出版数字化的生产十分重要，它是实现传统出版（即纸质出版）与数字出版并轨合一、打通传统出版与数字出版"鸿沟"的利器。通过数字化的生产，最终能够将"书、卡、盘、网、库"等多种媒体形态有机整合，将"读、听、视、查、带"等多种功能融为一体，使各种介质都能够有效地承载出版物内容，实现用户无缝阅读体验，为读者提供最便捷、最有效的服务。

数字化生产的加工程度不同，对应的数字出版阶段也不同。将内容资源加工为纸本图书原版版式的电子书，供在线、离线免费阅读、下载，或向图书馆销售，或压成光盘随书附赠。这种电子书仅仅是载体由纸媒变成光盘或网络文件，是一种非结构化的生产加工，对应数字出版的1.0阶段。在数字出版的2.0阶段，典型特点是将内容资源进行结构化生产，一是改变原有的表现形式，在电子书中插入音频、视频、动画等媒介形式，实现传统纸质图书向光盘、网络、数据库卡等跨媒体出版的转型；二是打破传统图书以"本"为单位阅读的做法，将内容资源按照知识元进行结构化标引，使之成为内容资源数据库中的一个个条目，具备检索查询、讨论答疑、定制互动等功能，实现"一次制作、跨媒体发布"。目前，有些出版企业已经开展基于语义的内容资源深度结构化标引，使之能够通过语义搜索查询，自动形成摘要、提要，将按"本"阅读升级为按"主题"阅读的各种新的阅读形式，能够为读者提供更加精准、个性、高效、互动的阅读服务，这将是数字出版3.0阶段，是智能化应用的高级阶段。

人民军医出版社、人民出版社等出版企业，通过数字化转型的实践，已经进入数字出版2.0向3.0发展的阶段。数字出版的实践可以概括为"四个基本"：碎片化是数字出版的基本元素，条目化标记是数字化加工的基本方法，多媒体交互是数字化出版的基本标志，数据库是数字化出版的基本阵地。

2.1 什么是数字化生产

对于数字出版,目前尚有很多不同的理解。有人认为,只要使用二进制技术手段对出版的整个环节进行操作,都属于数字出版的范畴;也有人认为,数字出版就是互联网出版。2010年9月,新闻出版总署发布的《关于加快我国数字出版产业发展的若干意见》指出,"数字出版是指利用数字技术进行内容编辑加工,并通过网络传播数字内容产品的一种新型出版方式,其主要特征为内容生产数字化、管理过程数字化、产品形态数字化和传播渠道网络化"。简言之,数字出版使出版全流程带上"数字"的烙印,体现"数字"符号的独有魅力。

目前,数字出版产品形态主要包括电子图书、数字报纸、数字期刊、网络原创文学、网络教育出版物、网络地图、数字音乐、网络动漫、网络游戏、数据库出版物、手机出版物(彩信、彩铃、手机报纸、手机期刊、手机小说、手机游戏)等[1]。2011年11月10日,新闻出版总署署长柳斌杰在全国数字出版工作会议上的讲话中指出,数字出版的新产品、新形态包括电子图书、数字报纸、数字期刊、原创网络文学、网络教育出版物、网络地图、数字音乐、网络动漫、网络游戏、手机出版物及基于各种移动终端的数字出版物。数据库出版物不是一种独立的产品形态,数据库是数字出版产品共同的工具阵地,具有信息管理技术特征。可见,对数字出版形态的理解是随着对信息技术的认识而不断发展发生变化的。

由于本书的目的是帮助出版企业理解现阶段数字出版的业务状况、数字出版的基础工作,以及如何根据各单位的实际选择什么样的数字出版形式,因此,我们对数字出版的理解更加偏向于目前的业务需求和技术现状。不同的出版企业、不同的出版物,最终的数字出版形式都可以不一样。我们认为,将内容资源以一定格式的数字形态进行加工、存储、管理,并能直接或有效地发布为最终的出版产品形态的生产过程,就是数字出版。根据这样的理解,数字化生产就是将内容资源以一定格式的数字形态进行加工、存储、管理和发布的过程。

数字化生产就是利用数字技术手段,将非结构化的内容资源,按照一定的技术标准进行加工、标引,以实现内容资源"碎片化"、结构化存储与管理的过程。

---

[1] 新闻出版总署. 关于加快我国数字出版产业发展的若干意见[EB/OL]. (2010-09-15)[2018-09-18]. http://www.gapp.gov.cn/cms/html/21/508/201009/702978.html.

传统出版单位在其出版过程中，积累了大量有价值的文字、图片等内容资源。为了使这些内容资源可以在今后的其他出版物中反复使用，目前很多出版企业建立了较为完善的内容资源管理平台，出版企业的业务编辑可以方便地通过平台进行内容资源的检索、调用、修改、检入、检出等工作。尽管这些内容资源还没有真正实现"碎片化"化管理，还不能满足跨平台发布的需求，但是可以大大减少出版物的制作成本，提高制作效率，加快对市场的响应。我们认为，这也是出版物数字化生产过程，即使出版物最终是通过印刷方式产生的纸质形态，但它的出版也是数字出版的成果。

目前，更为普遍的数字出版需求是将内容资源加工成某种特性的数字化形式，形成一个可以重复利用的数字资产，能够实现一次制作、跨平台发布。例如，某跨国出版集团旗下的一个信息出版子公司，旨在为需要随时把握人力资源、商业、法律等领域复杂规则的专业人士提供一流信息服务。这个信息出版子公司也是世界领先的专业信息出版商。他们进入中国初期，并不了解中国的人力资源、商业、法律等出版业务现状，也没有相应的内容资源，到中国内地调查后发现，国内的律师事务所、会计事务所、培训机构等数量众多，有大量的法律、法规、案例等内容资源。这些内容资源都是以文本的形式存储在关系型数据库中。为了取得中国内地这部分专业信息出版市场，他们首先向国内的律师事务所、会计事务所和培训机构等，以较低的成本购买内容资源，一般是直接购买关系型数据库；其次，在国内定制符合其全球出版业务的规范，采用XML技术将原有的关系型数据库存储方式转换为基于XML技术的内容资源库，目的是实现一次制作、跨平台发布；再次，聘用国内的专业人员在可协同编撰的内容资源库上进行内容再造，如进行内容的标引、拆分、关联等，以便实现跨平台的发布；最后，按照其公司的全球化战略和商业模式，定制在中国内地的运营方式，开展数据库出版、按需出版、培训、咨询等业务。

以上两种情况，展示了将内容资源以一定格式的数字形态进行加工、存储、管理和发布的数字化生产和管理运营行为。更一般的数字出版行为，是进行基于XML技术的内容资源库建设。对出版企业来说，是自有出版资源的管理重用，从而实现对市场的快速响应，提升出版企业的影响力、品牌力。

2.2 数字出版的关键技术

采用XML技术处理内容资源,是国际出版界尤其是大型出版集团在激烈的市场竞争中能够生存发展的基础性工作。XML技术是目前用来处理非结构化数据或结构化文档最有力的技术,是实现数字出版"一次制作、多次发布"最有效的工具,因而是开展数字出版的关键技术。

2.2.1 XML简介

XML是可扩展标记语言(Extensible Markup Language)的缩写,用于标记电子文件,使其具有结构性。XML标记语言可以用来标记数据、定义数据类型,是一种允许用户对自己的标记语言进行定义的源语言,它是标准通用标记语言SGML(Standard Generalized Markup Language)的子集。XML是互联网环境中跨平台并依赖于内容的技术,是当前处理非结构化数据或结构化文档信息的有力工具。XML是一种简单的数据存储语言,使用一系列的标记描述数据,而这些标记可以用方便的方式建立,并且XML极其简单,易于掌握和使用。下面,用两个例子分别说明XML标引的应用。表2-1是我们常见的学生考试成绩单,用XML文档可以表示如下:

表2-1 成绩单

课程名称:数字内容管理　　　　　专　　业:传播(数字出版)
班　　级:传播08-1班　　　　　　授课教师:陈功明
课程性质:必修　　　　　　　　　考核方式:开卷考试
考试人数:65　　　　　　　　　　考试时间:2011.7.10

学号	姓名	性别	平时成绩(分)	期末成绩(分)	总成绩(分)
00000011	张三	男	25	70	95
00000022	李四	男	30	65	95
00000033	王五	男	28	65	93
00000044	赵六	男	20	60	80

```xml
<?XML version="1.0" encoding="gb2312"?>
<?XML-stylesheet type="text/xsl" href="score.xsl"?>
<成绩单>
    <课程名称>数字内容管理</课程名称>
    <专业>传播(数字出版)</专业>
    <班级>传播08-1班</班级>
    <授课教师>陈功明</授课教师>
    <课程性质>必修</课程性质>
    <考核方式>开卷考试</考核方式>
    <考试人数>65</考试人数>
    <考试时间>2011.7.10</考试时间>
    <学生 学号="00000011">
        <姓名>张三</姓名>
        <性别>男</性别>
        <平时成绩>25</平时成绩>
        <期末成绩>70</期末成绩>
        <总成绩>95</总成绩>
    </学生>
    <学生 学号="00000022">
        <姓名>李四</姓名>
        <性别>男</性别>
        <平时成绩>30</平时成绩>
        <期末成绩>65</期末成绩>
        <总成绩>95</总成绩>
    </学生>
    <学生 学号="00000033">
        <姓名>王五</姓名>
        <性别>男</性别>
        <平时成绩>28</平时成绩>
```

```
    <期末成绩>65</期末成绩>
    <总成绩>93</总成绩>
 </学生>
 <学生 学号="00000044">
    <姓名>赵六</姓名>
    <性别>男</性别>
    <平时成绩>20</平时成绩>
    <期末成绩>60</期末成绩>
    <总成绩>80</总成绩>
 </学生>
</成绩单>
```

上述XML文档中,score.xsl是独立的样式文件,用于定义文档的字体、字号、文字颜色及表格等样式。

在XML文档中,我们还可以对各种公式、图片和复杂表格等内容元素进行标引,如图2-1是利用XML文档编辑工具对公式进行的标引示例。

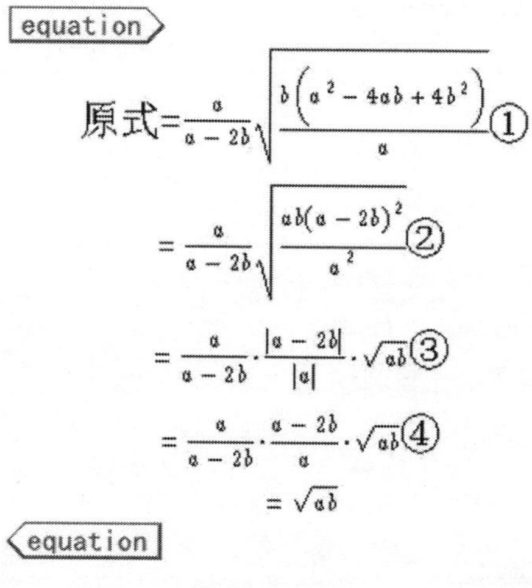

$$\text{原式} = \frac{a}{a-2b}\sqrt{\frac{b(a^2-4ab+4b^2)}{a}} \quad ①$$

$$= \frac{a}{a-2b}\sqrt{\frac{ab(a-2b)^2}{a^2}} \quad ②$$

$$= \frac{a}{a-2b} \cdot \frac{|a-2b|}{|a|} \cdot \sqrt{ab} \quad ③$$

$$= \frac{a}{a-2b} \cdot \frac{a-2b}{a} \cdot \sqrt{ab} \quad ④$$

$$= \sqrt{ab}$$

图2-1 利用XML编辑器对数学公式的标引示例

在XML文档中,我们可以通过标记查找和检索文档的相关内容,这样,就可以通过XML技术将非结构化的文档内容表示为结构化的数据。从而为内容的"碎片化"存储、管理及重复使用提供技术保障。

2.2.2 XML的特点

在纸质出版物中,我们所看见的页面内容,包括内容信息、版式信息和样式信息已经融合为一体,形成了适合于传统的叙述性线性阅读思维方式的"书"形态。但在信息时代,数字技术在出版领域的应用将会使叙述文本的数字化阅读成为主要的阅读方式。过去人们认为,叙述性文本是思维的高级境界,能够调动思维想象力、理解力,现在有了数字技术,可以通过音频、视频、动画,甚至是三维虚拟现实画面,帮助人们观察理解肉眼所达不到的宏观和微观世界中的事物,这不仅大大扩展了人们对客观世界的认识,拓展人的世界观视野,而且在人类的交往和信息传播上,帮助实现对内容的检索、关联、重用。进一步,还能实现互动的数字阅读体验,而这是线性文本所不可能达到的。实现叙述文本的数字化阅读,在实现技术中就要依靠XML标引。

XML作为一种标记语言,可以用来处理任何结构化和非结构化的数据,因而是互联网中对各种信息进行存储、表示、传输和交换的有力工具。XML的技术特点主要在以下七个方面。

1. 实现内容、结构、样式的分离

在XML中,内容、结构和样式是分离的。在这里,内容是文本信息本身,结构是定义好的业务规范,样式是单独的样式表单文件,三者之间既有紧密联系,又保持相互独立性。文本内容可以不断地更新,可以存储任意的内容,在标引中统称为内容数据。业务规范提供了统一的模板,一个数据结构可以在定义好了的业务规范中任意组合,不仅提高工作效率,而且统一了数据交换的标准。样式从内容和结构中独立出来,不同的样式对应不同的发布渠道,可以方便地使内容数据在不同渠道发布。另外,在同一渠道的同类数据可以使用相同的样式表单文件。对样式表单的重复利用,大大减少了用来表示数据的工作。

2. 便于数据的共享、传输和交换

在现实工作环境中,计算机系统之间数据存储使用的格式不兼容,对数据管理人员来说,在因特网上不兼容的系统之间交换数据是一项最费时的挑战。而

XML数据以纯文本格式进行存储，因此，提供了一种独立于软件和硬件的数据存储方法，这让不同的系统、应用程序都可以轻松地共享、传输和交换数据。

3. 简化计算机系统及软硬件的变更

在实际的工作和生产环境中，系统经常需要升级。这项工作往往非常费时费力，必须转换大量的数据，而且不兼容的数据也往往会造成丢失。XML数据以文本格式存储，使数据转化的工作量降低，并且在不损失数据的情况下，系统更容易扩展或升级到新的操作系统、新的应用程序或新的浏览器。

4. 碎片拆分使数据能重复利用

XML采用节点或标签来存储数据，可以使用工具轻松地对节点或标签进行操作，来控制和使用数据。例如，可以将大量的数据根据节点或标签拆分成细粒度的数据碎片，在需要用的时候调用这些碎片，根据碎片的属性进行重新组合，生成新的数据来适应不同的使用对象。这样，数据可以在不同的场合得到重复利用，使数据的价值得到更大发挥。

5. 更加便于程序的开发

由于XML使用节点或标签来存储数据，对于编辑人员来说，阅读非常方便；对于计算机应用程序来说，也非常容易处理。XML的每一个节点或表现存储的内容都是一个元素和对象，因此，非常适合使用面向对象的程序设计方式来开发应用程序，处理XML文件。

6. 方便建立和扩展业务标引体系

XML允许个人和组织按照自己的业务规范建立自己的标引体系，并投入到实际的应用中。目前，一些行业组织和机构定制了业内专业的标记语言，例如，MathML数学标记语言、MusicML音乐标记语言、CML化学标记语言、CNML中文新闻标记语言等。这些已建立的标引体系，可以方便地，扩展到企业自身的业务中来。

7. 有利于提高检索效率

XML通过标引来存储数据，标引或者标引的属性能够描述数据对象本身的属性。因此，检索所需要的文本数据时，没有必要让搜索引擎遍历全部的数据，只需要按照标引或者是标引的属性对数据进行检索，这样可以大大提高检索的速度。

另外，像图片、表格、音频、视频、公式、符号等复杂的数据，原本就无法像文本一样，让搜索引擎利用全文检索来达到检索的目的，但通过标引或者是标引的属性，可以有效地实现检索的目的。

2.3 业务规范和标引体系

1. 业务规范和标引体系

出版企业采用XML技术对内容资源进行数字化生产时，首先要建立一套业务规范，实现对出版物元素的标引。根据业务规范对出版物元素进行标引的方法就是标引体系。建立业务规范和标引体系是一项基础性的工作，需要编辑人员和技术人员共同完成。编辑人员的主要任务是梳理出版物包含的所有元素、对象及其属性，用专业语言对其进行描述并加以注释，形成业务规范，技术人员的主要任务是将这套规范用计算机语言翻译成可以操作使用的标引体系。在实践中，同一类出版物使用一套标引体系，但有时也会因为地域、语言、文化、法律等的差别有所区别。例如，美国的经济法和中国的经济法是不一样的，因此，用于出版美国经济法出版物的标引体系就不适应出版中国经济法的出版物。总的来说，标引体系的抽象度越高，支持的出版物面就越广，反之亦然。

对出版物元素的标引，往往包含与出版物元数据相关的基础信息，如书名、年份、责任者、主要责任者关系、出版企业、出版地、摘要、主题词/关键词、其他题名、作品类型、次要责任者、次要责任者关系、出版日期、标识、标识类型、纸书价格、版次、印次、字数（千字）、语种、书号等。同时，还可以包含内容本身的对象或元素信息，如标题、篇、章、节、段落、列表、表格、图片、目录、索引、公式、符号、注释，以及多媒体对象，如音频、视频、3D技术插图等。因此，出版单位建立业务规范和标引体系是一件具有一定难度的工作，它要求编辑业务人员、相关管理人员和技术人员紧密配合。

2. DTD及Schema（XML模式）

通常，采用DTD（文档类型定义，Document Type Definition）或Schema（XML模式）来定义业务规范，因此，DTD或Schema（XML模式）是建立标引体系的重要工具。

　　DTD是一套标记的语法规则,它定义了元素、子元素、属性及其取值,规定了用户在DTD关联的XML文档中,可以使用什么标记,各个标记出现的顺序以及标记的层次关系。Schema(XML模式)是用于描述和规范XML文档逻辑结构的一种语言,它最大的作用就是验证XML(XML模式)文件逻辑结构的正确性,这与DTD的功能相当。但是,在当前的WEB开发环境下,Schema(XML模式)具有很多的优越性。因为它本身就是一个有效的XML文档,因而可以更直观地了解XML的结构。除此之外,Schema(XML模式)还支持命名空间,内置多种简单和复杂的数据类型,并支持自定义的数据类型。目前关于DTD或Schema(XML模式)技术的书籍和资料很多,本书不再做具体介绍。

　　3. 开源标准和使用工具

　　对于复杂的元素或对象,国际上的一些组织和机构提出了一些开源的标准,并开发了大量的工具便于业务人员方便地操作和使用。出版企业在定义自己的业务规范和标引体系时就可以引用这些标准和使用工具,这将大大地减少基础建设的工作量。例如,MathML(Mathematical Markup Language)数学置标语言,是一种基于XML的标准,用来在互联网上书写数学符号和公式,它是由W3C的数学工作组提出的[1]。由于数学符号和公式的结构复杂,且符号与符号之间存在多种逻辑关系,MathML的格式十分烦琐,因此大多数人都不会去手写MathML,而是利用其他工具来编写,例如采用Arbortext Editor创作工具,使MathML在数学出版领域得到了大量机构的引用。

　　4. Docbook标引体系[2]

　　目前也有一些开放的标引体系得到广泛的使用,如Docbook。Docbook原本是为了编写和发布技术文档而开发的,但实际上它符合大部分现代书籍的出版要求。Docbook是一些标准和工具的集合,标准包括了XML、DTD、XSL、XSL-FO和Docbook DTD等;工具则包括XSLT Processor和XSL-FO Processor等。这些标准和

---

[1] W3C,万维网联盟(World Wide Web Consortium),国际著名的标准化组织,创建并维护WWW标准。1994年成立至今,已发布近百项相关万维网的标准,对万维网发展做出了杰出的贡献。

[2] DocBook是一种在多种语言下可用的模式,它的主要结构符合一般概念所构成的"书",DocBook已被一个庞大而且还在成长中的作者群用于所有种类书籍的编写。

工具组成了基于 Docbook 的发布系统。其中，Docbook DTD 是 Docbook 的核心。Docbook 对文档结构进行了详细的定义，如上面提到的标题、篇、章、节、段落、列表、表格、图片、目录、索引、公式、符号、注释等。因此，目前有很多出版企业在定义自己的标引体系时，都大量地使用 Docbook 的内容，在 Docbook 上进行开发和定制化。

使用 Docbook 编写文档的过程，实际上就是根据 Docbook DTD 编辑 XML 文件的过程。在编辑文档的过程中，作者只需要关心内容，根本不会涉及排版的问题。Docbook 提供了十分详尽的定义，所有的内容都用标签封装起来，几乎任何内容都可以根据其用途找到对应的标签。就像 XML 存在的一些缺点一样，Docbook 的缺点就是非 WYSIWYG（所见即所得），编辑的时候不如 Word 那么直观，直接编辑 XML 文件还是一件比较烦琐的事情。但是这个问题也可以得到解决。使用专门的 XML 内容编辑器就可以让工作轻松很多，例如，Arbortext Editor 就支持 Docbook 文档的编辑。如果最终发布 Docbook 文档，自然需要用到 XSLT Processor 和 XSL-FO Processor 这类的技术。这类技术可供选择的开源工具很多，像 xsltproc、Xalan、FOP 和 PassiveTeX，等等。

2.4　数字化生产环境

出版的数字化生产方式和传统的纸质生产方式之间有非常大的差别，对生产环境的要求也不相同。按照数字产品形成的过程来进行划分，数字出版的生产环境一般由三个部分组成：一是数字化编辑加工环境，二是数字内容资源管理环境，三是数字产品制作和发布环境。

2.4.1　数字化编辑加工环境

数字化编辑加工环境是指数字编辑加工人员基于在线协同数字化编辑加工软件平台进行协同工作的软件技术环境。文档类型定义、内容编辑和样式设计（版式设计）是数字化编辑加工三项主要工作。基于 XML 技术的数字化编辑加工平台一般都将这三者完全分离，使数字出版产品在编辑加工过程中，能很好地实现内容和版式的分离，从而为内容的重用和跨平台发布提供极大的方便。

1. 文档类型定义(DTD)

简单地说，文档类型定义就是要定义 XML 文档中所用的标记元素，也可以理解为 XML 文档的结构模型。例如，在表 2-1 所示的成绩单中，各个学校的成绩单内容可能都不一样，这样写成的 XML 就会有很大的差别，从而不利于信息的交流和共享。如果我们对成绩单的各项内容制定一个标准，也就是说定义一个如下所示的 DTD 文件，在该 DTD 文件中我们定义成绩单 XML 文档中的各项元素及数据类型和元素的属性等，那么基于该 DTD 文件的成绩单 XML 文档的结构就完全一样了，这样为我们共享信息提供了极大的方便。

表 2-1 所示的成绩单的 DTD 文件

<!ELEMENT 成绩单(课程名称,专业,班级,授课教师,课程性质,考核方式,考试人数,考试时间,学生+)>
<!ELEMENT 课程名称(#PCDATA)>
<!ELEMENT 专业(#PCDATA)>
<!ELEMENT 班级(#PCDATA)>
<!ELEMENT 授课教师(#PCDATA)>
<!ELEMENT 课程性质(#PCDATA)>
<!ELEMENT 考核方式(#PCDATA)>
<!ELEMENT 考试人数(#PCDATA)>
<!ELEMENT 考试时间(#PCDATA)>
<!ELEMENT 学生(姓名,性别,平时成绩,期末成绩,总成绩,备注)>
<!ATTLIST 学生　学号 CDATA #REQUIRED>
<!ELEMENT 姓名(#PCDATA)>
<!ELEMENT 性别(#PCDATA)>
<!ELEMENT 平时成绩(#PCDATA)>
<!ELEMENT 期末成绩(#PCDATA)>
<!ELEMENT 总成绩(#PCDATA)>
<!ELEMENT 备注(#PCDATA)>

文档类型(DTD 文件)可以由任意的文档编辑器进行编辑，如写字板、记事本、XML spy 等。

由于出版单位的内容资源种类很多，在数字出版过程中，需要为每一类资源定义好DTD文件,这是一项烦琐而又十分重要的工作,需要出版人员、编辑人员和技术人员共同配合完成。各类资源的DTD文件是构成数字出版基础数据环境的重要组成部分,也是实现资源"碎片化"管理的关键。

2. XML内容编辑工具

XML内容编辑工具是供数字编辑人员编辑XML文档的软件工具。目前比较优秀的XML编辑工具有Arbortext editor、Serna XML Content Editor等。图2-2是Arbortext editor的编辑界面,在新建XML文档时,可以选用或添加文档类型(DTD)文件,如图2-3所示。如我们选用上面介绍的成绩单DTD文件,XML文档的结构就如图2-4所示。图2-4左边显示的是XML文档的结构,右边显示的是成对的标签,我们可以在成对的标签之间编辑相应的内容。

3. 样式设计

内容和样式分离是XML文档的一大特点。在XML文档中可以通过引入样式文件来控制文档内容的显示样式。样式文件主要用来定义XML文档中各标记元素内容的显示样式,如内容的字体、字体大小、颜色等。

用样式文件来控制XML文档内容的显示,可以实现基于文档类型的排版。对于同一个文档类型(相同DTD文件),可以制作一个样式模板,这样对同一文档类型下的数字出版物就可以实现自动排版,无须人工干预,从而大大减少了编辑加工人员的排版工作量。

大多数XML内容编辑工具都提供样式设计功能,图2-5所示为Arbortext editor提供的样式设计界面。样式设计好后,可以用文件的方式进行存储,供同一文档类型的XML文档引用。

图 2-2 Arbortext editor 编辑工具

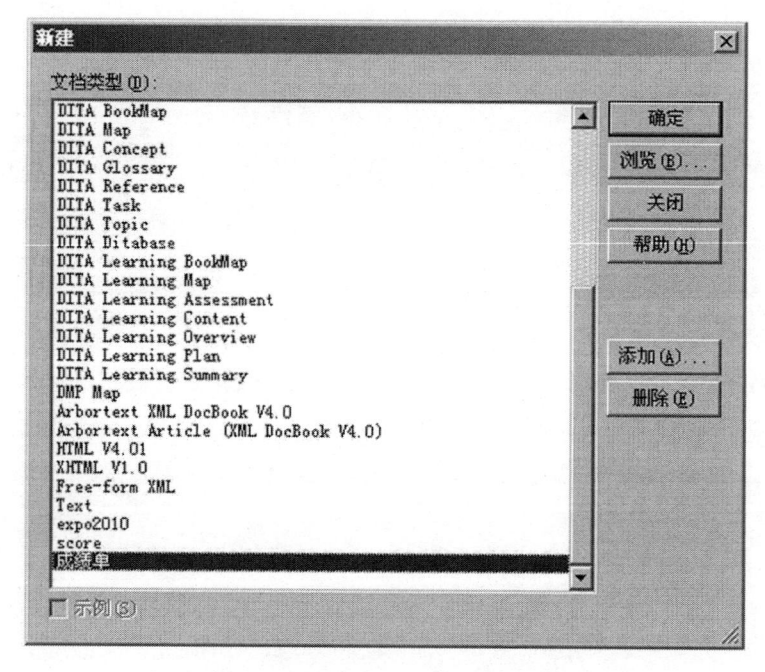

图 2-3 在 XML 文档中引入 DTD 文件

图2-4　在XML文档内容编辑

4．转换工具

由于传统出版单位保存有大量非XML格式的内容资源，同时很多内容创作者都习惯使用word等文字编辑工具，因此，出版单位在数字化加工过程中，需要将大量非XML格式的内容转换成XML格式的内容，如果依靠人工重新录入将给出版单位带来巨大的工作量。

Arbortext editor等XML内容编辑工具提供了内容格式转换工具，这些工具通过建立内容转换映射规则，使我们可以对同一文档类型的非XML文档进行批量的转换处理。

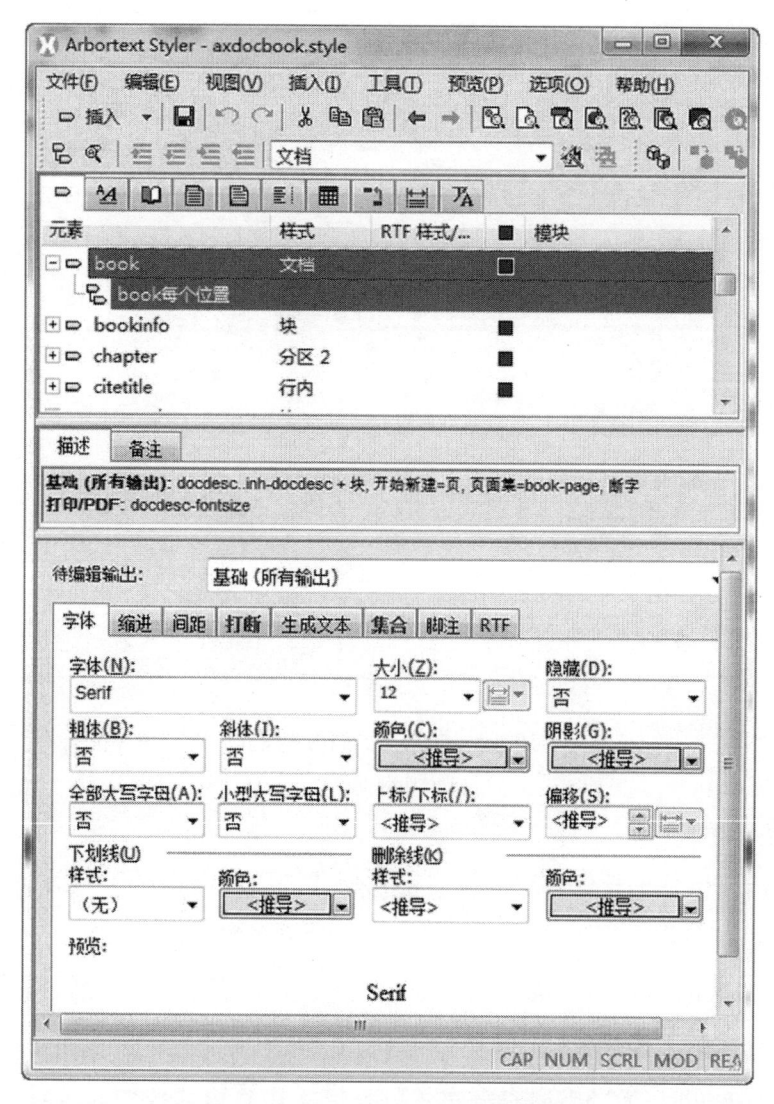

图2-5　Arbortext styler样式设计界面

2.4.2　内容资源管理环境

1. 内容资源管理系统

内容资源管理是数字化生产的重要环节，也是国内出版单位目前的迫切需求。目前国内许多出版单位都建设有内容资源管理系统，但系统技术水平、功能差别较大，而且大多数出版单位的内容资源管理系统都采用企业独有的技术标准，通用性和开放性较差。

目前主流的内容管理系统有PTC ACM、ORACLE UCM、IBM ECM等。这些系统都有各自的特点，适应解决不同的业务问题。

PTC ACM内容资源管理系统提供了比较全面的内容资源管理功能，如文档存储归档、全文检索、元数据检索、协同编撰、版本管理、元数据管理、拆分管理、发布管理、统计分析、流程管理、生命周期管理等。其最大的优势是对基于XML技术的出版流程有很强的适应性。国内外许多大的出版集团都应用了该系统，如高等教育出版社、威科下属的CCH中国公司等。

ORACLE UCM和IBM ECM是通用性较好的两个系统，可以应用在广泛的行业领域。管理的对象包括业务资料、数据报表、电子邮件、办公文档、扫描文件、图片、音频、视频、web页面、电子表单等几乎所有的非结构化数据。其主要的功能偏向于文档的归档、元数据管理、业务流程管理、发布等。

2. 数字资产管理

资产管理是内容资源管理的基础，关注的是内容资源对象本身。出版单位的内容资产包括词库、题库、图片库、音频库、视频库、法律条文库、论文库等和出版单位业务相关的所有内容资源，如果以数字形式进行的管理就是数字资产管理。数字资产管理能够帮助出版单位实现内容资源的跨媒介出版和应用，帮助出版单位充分发挥数字资产的价值。

3. 知识管理

知识管理是对资产管理的延伸，关注的是内容资源之上的某种业务属性，往往是掌握在数字编辑人员大脑中的隐形知识，或者是业务经验。知识管理的价值在于能帮助出版企业积累业务经验，提高内容资源管理的质量，提高出版企业的创新能力。

例如，某出版企业已经采用XML技术建立了自己词库。词库是以词条为粒度进行存储，词条中包含了解释、同义词、短语、例句、发音、来源等信息，并利用这个词库做了在线词典的应用。但在应用中发现，用户的体验不是很好，而且很难将该库转换为其他应用。在后来的系统改进中，他们又重新梳理了自己的业务规范，将作者、编辑的一些业务经验用计算机可以表述的方式添加到了内容资源库中，例如，为内容添加了难度级别、使用对象、类别等信息，在此基础上，他们很快就将整个词库分成了小学词库、中学词库、大学四级词库、六级词库、专业四级词库、专业八级词库、考研词库、雅思词库、托福词库、商务词库、技术词库等。并在此基础上开发出了适合不同用户的丰富产品。同时也大大减少了编辑人员组稿的时间。这是一个典型的知识管理应用案例。

当然，知识管理是有难度的，在实施中要重点关注对知识的梳理，知识与业务、知识与IT系统、知识与出版人、知识与读者或用户的融合，以帮助实现内容资源的增值。

4. 元数据

简单地说，元数据是描述数据的数据，是内容资源管理和数据转换的基础。

元数据可以从不同的角度进行分类，按在系统中的用途分，元数据可以分为业务元数据和技术元数据。业务元数据可由出版企业根据自己的业务特点以及国家政策、行业标准自由地进行定义，体现了知识与业务、知识与出版人、知识与读者或用户的融合，业务元数据可以定义到出版企业的业务规范或文档类型中，并可以进行动态的维护；技术元数据是描述关于内容资源管理系统技术细节的数据，这些元数据应用于开发、管理和维护系统。

从描述对象分，可以将元数据分为内容元数据和文档元数据，内容元数据是对内容进行标引和定义，是粒度最细的元数据。通过内容元数据，可以方便地根据业务需求对出版内容本身进行操作，例如，定义拆分规则、存储规则、快速组稿、构建新的产品等；文档元数据对内容的整个文档进行标引和定义，可以通过文档元数据对整个文档进行操作，例如快速检索，并可以通过配置，实现内容元数据和文档元数据之间的转换。

2.4.3 数字产品制作和发布环境

数字出版产品可以有多种形态，如电子书、网络出版物、多媒体出版物、手机出版物、数字印刷品等。数字出版的价值体现在能够为读者或用户提供多少种不同形式的数字产品。因此，如何基于内容资源管理系统和数字出版产品动态打造发布平台，快速制作和发布符合出版物特点、能满足读者多样化需求、具有创新意识的多形态数字产品是出版企业实现内容资源重用和价值最大化的关键所在。

数字出版产品的发布是读者和用户获取内容的渠道，是数字产品生产的末端环节。数字出版产品的发布渠道可以是一个电子书的容器、应用商城，也可以是出版门户网站、出版服务网站、在线教育网站和电子商务分销网站等。有的产品发布还有专门的硬件环境要求，如kindle、bambook、汉王电纸书等。选择什么样的产品发布是由出版物的性质和出版企业的销售策略来决定的。良好的读者体验是衡量发布产品效果的标准，目前，良好的读者体验趋势体现为美观、便携、简单易用，并且有较强的交互性。

第3章 内容资源管理

3.1 内容管理与内容资源管理系统

内容是任何类型的数字信息的结合体,可以是文本、图形图像、Web页面、业务文档、数据库表单、视频、声音文件等。应该说,内容是一个比数据、文档更广的概念,是对各种结构化数据、非结构化文档、信息的聚合。内容资源管理产生于20世纪80年代中后期,其需求主要来自于非结构化数据管理的需要。

什么是内容管理,目前没有一个统一的定义。Gartner Group认为,内容管理包括企业内部内容管理、Web内容管理、电子商务交易内容管理和企业外部网信息共享内容管理,这是从内容范围、形式角度的一种笼统的分类。Giga Information Group则将内容管理视作电子商务的内容引擎,认为内容管理应和电子商务服务器集成,从而形成内容生产、传递及电子商务端到端系统。而Merrill Lynch认为,内容管理应侧重于企业员工、企业用户、合作伙伴和供应商方便获得非结构化信息的处理过程,其目的是把非结构化信息出版到Intranet、Extranet和Internet Trading Exchanges,从而使用户可以检索、使用、分析和共享。

一般认为,内容管理是指利用信息技术,对内容资源按照一定的技术标准和资源结构进行加工、组织、分类和存储,以满足内容动态发布需求,实现内容在企业内部及企业外部传播和共享的过程。内容管理过程主要借助内容资源管理系统得以实现。

内容资源管理系统是集内容编辑加工、存储、发布、安全管理、统计分析等功能于一体的软件系统。

3.2 内容资源管理系统的基本功能

3.2.1 统一的存储库

内容资源管理系统首先要满足内容资源的存储功能。出版单位的内容资源一般包括文本、图片、音频、视频等非结构化的数据,那是不是要分别建立文本库、图片库、音频库或视频库呢？从管理和成本的角度看,这并不是最佳的选择,除非出版单位内容资源本身的形式就比较单一。建立统一的存储库是管理出版单位所有数字化内容资源的有效方式。

一个良好的存储库应具备以下特点：

①可以存储任意格式的数据。以满足出版资源文件格式多样性的要求。

②可以存储海量的数据。出版资源一般是非结构化的数据,具有数据量大的特点,需占用大量的系统资源。

③可以自由扩展存储库类型。例如,出版单位已经建立了文本存储库,由于发展,积累了大量的图片资源,也需要进行存储,因此,可以在系统自由扩充一个图片存储库,而无须额外的投资。

④可以存储内容之间的动态链接、相互引用关系,并可以根据内容的变动自动刷新。

⑤可以使内容资源方便地入库和出库。

⑥可以灵活配置存储规则。不同的内容对象存储在各自的路径下,对拆分的内容单元,能够自动识别存储路径,无须人工干预。

⑦可以保证存储的内容资源的完整性和一致性。

3.2.2 检索管理

检索是在内容资源管理平台上高效工作所需要的关键工具。内容资源库存储的信息是海量的,如果没有高效的检索工具或管理方法,使用内容资源管理平台将会变得非常困难,内容资源管理的价值也将得不到体现。在内容资源库中进行检索,一般有以下几种办法。

(1)全文检索

在内容资源管理系统中,通过检索资源的元数据和内容数据,优先列出最符合检索条件的资源。全文检索支持按照不同的标签进行排序,可以通过不同组合条件进行组合查询。

(2)元数据检索

元数据是知识管理的重要手段,也是业务人员知识积累和经验的体现。在"数字化生产"一章中,我们提到,从系统上,将元数据分为业务元数据和技术元数据;从对象上,将元数据分为内容元数据和文档元数据。元数据在资产增值、业务创新上发挥着重要作用,同样,在检索领域也发挥重要作用。按元数据进行检索,搜索引擎只是扫描文件和内容的元数据来实现检索的目的,可以规避搜索引擎扫描文件的所有文本信息,可以大大地提高检索的效率,而且是对实现图片、音频、视频等非文本文件检索的最有效的检索方式。

(3)存储路径检索

按存储路径检索可以不断地减少检索的范围,提高检索的效率,是最原始的检索方式。

实际应用中,内容资源管理系统往往会结合以上几种方式来提高检索效率。

3.2.3 协同编撰管理

协同编撰管理是一个比较新的概念,它是指出版单位的数字编辑和其他人员在内容创作过程中协同工作的模式。

1. 协同编撰的特点

①同一个任务需要多人共同完成。例如,一本考试教材可以按照题型进行分工,语法部分、阅读部分、写作部分等都分别由相关编辑负责,每个人负责一部分。

②不同的任务由不同的人员完成。例如,业务编辑负责内容的创作,样式和排版人员负责样式和排版的设计。

③不同业务知识的人发挥各自的特长,不同业务角色承担不同的责任。共同完成一个任务使命,不仅提高了内容的质量,同时提高了工作效率。但是也要防止工作性质比较单一带来的枯燥。目前,在进行协同编撰工作方式时,也遇到了一些阻力。这些阻力的主要原因是新的工作方式对员工利益、工作习惯产生了重

要的影响。

2. 协同编撰需要满足的要求

①对员工进行培训,帮助员工适应数字化的工作方式,以及熟练使用工具。

②编辑环境和内容资源库连接,能够顺利地实现从库中检入、检出数据。

③定义好人员的角色和权限。人员之间不存在干扰,相当于虚拟的工作卡位。

④必须在同一个业务规范下进行协同编辑,以进行数据的共享和交换。

3.2.4 工作流程管理

内容资源管理的数字化,不仅仅体现在内容的数字化,而且还体现在管理方式的数字化。通过数字化的工作流管理,能够帮助出版单位由计算机自动地驱动业务的流转,不必花费大量的时间去做工作的协调。

工作流管理具有以下特点:

①工作流转不仅仅是传递信息和任务,还需要将内容、人员、系统有机地集合起来,简单地说,当一个工作人员接收到一个任务信息后,他能够明确任务的内容对象,并可通过系统上的工具完成相应的工作。

②工作流管理要有很强的适应性,管理人员可以根据业务流程、人员角色等的变动自由地修改流程。

③能够对流程进行监控,当流程出现问题的时候能够及时通知管理人员。

3.2.5 元数据管理

元数据是内容资源管理系统中重要而又关键性的数据,是内容资源管理系统实现内容资源和知识有效管理的基础数据环境。内容资源管理系统在元数据管理上应具有以下功能特点:

①能提取元数据。从对象上分,元数据存在于内容和文档中,内容资源管理的直接对象就是内容和文档,系统必须能够提取这些元数据信息。

②能够生成新的元数据或添加新的元数据。在用户上传内容资源时,系统自动生成一些元数据,如人员、时间、版本、大小、使用次数等。另外,也可以根据需求添加一些新的元数据,如添加新的内容资源类别等。

3.2.6 存储粒度管理

文档存储的粒度，是指文档存储的最小信息单元。例如，一本书包含篇、章、节，那么可以存储的最小粒度是节，每一个节都是一个可以进行存储的信息单元。但是这些信息单元不是孤立的，它可能被多个出版物引用，因此，它包含了和整书之间的引用关系，从而保证整个出版物的完整性。

定义存储粒度的原则主要考虑以下两个方面的问题：

①生产管理工作的需要。比如说，一个出版物可能需要一个团队来协同工作，不同的人员负责不同的部分，这时可以按照篇、章、节来进行内容的拆分。如果不需要分工，则可以不用拆分。

②内容资源重复使用的价值。例如，一个出版物中包含了大量的案例，这些案例可能被多次引用。那么，可以先将这些案例"摘"出来，然后以单个案例为粒度进行存储。按照内容资源重复使用的价值进行拆分，可以非常方便地帮助出版单位建立起知识库、图片库、题库、词库等，并可以按照分类轻松地对库进行分类。往往专业类出版物的内容更具有重复使用的价值，比如说，词库可以分为初级词库、中级词库、高级词库。但也并不是所有的专业出版物都需要拆分。

采用XML技术来处理出版内容资源，可以使管理人员非常方便地对内容资源进行拆分和管理。其原理是，根据XML文件节点中的标签，或者标签中的属性进行操作。在进行拆分管理时，一个好的管理系统，往往是通过配置文件来定义存储粒度和存储路径，然后系统通过配置文件的指令来自动完成拆分和存储工作。

3.2.7 版本管理

版本管理是出版单位重要的内容资源管理需求。在编辑、创作、设计过程中，往往要记录每一环节所做的修改和调整。例如，一本书可能有多个修订版本，而最初的版本也具有很高的保存价值。

版本管理不仅仅是业务的需求，也是技术管理的需求。非结构化的数据往往占用较大的资源，如果一个出版物的每一次调整和修改都要以一个完整的文档进行存储，那无疑将耗费很大的数据存储资源。版本管理往往是以一种增量记录的方式进行管理，也就是说存储的是修改、添加和删除的部分，以及修改、添加和删除部分和上一个版本的时间关系。这样就可以成倍地节省数据存储资源，降低数据存储成本。

3.2.8　权限角色管理

内容资源管理系统需要提供有效的权限、角色安全管理机制。不同工作岗位人员的工作职责不一样，系统要能够配置和定义角色，设定不同的权限。例如，什么人可以创建存储实例、什么人可以上传文件、什么人可以修改文件、可以修改哪些文件、什么人可以浏览文件、什么人可以删除文件等。

3.2.9　统计分析

内容资源具有可重用性，这就要求系统能够对已重用的对象进行详细的分析。一个内容碎片被引用过多少次，被哪些产品引用过，在什么时候引用过等，通过分析以避免造成重复、雷同，帮助提高出版物的质量。

3.3　内容资源库建设流程

内容资源库建设流程不是指IT系统的建设过程，而是指出版单位在系统管理平台搭建好之后，在平台上进行的业务梳理、组织结构设计、流程再造等，将需求翻译成计算机系统可以识别和操作的规则、流程。

内容资源库建设需要理清以下问题：

①首先要理清出版物的结构。出版物有哪些对象？有什么样的属性和元数据等？

②怎么去定义内容碎片，以什么样的粒度去拆分？

③以什么样的文档形式进行存储？

④内容怎样分类，怎样存储？

⑤由什么样的人员去调用，人员的权限和角色是什么？

⑥以什么样的流程来驱动数字出版的每一个环节？

3.3.1 需求置入阶段

3.3.1.1 设计出版业务规范

DTD（Document Type Definition，文档类型定义）是所有内容资源的"骨架"。DTD的设计将依据行业规范和业务需要，是内容资源管理的规范和依据。需要指出的是，DTD本身并不是业务规范，而是业务规范得以实现的技术手段，通常需要出版单位业务人员作为业务指导提出，由技术人员加以实现。DTD的设计通常是树形结构的，描述各类数据包含的内容片段及之间的关系（也就是元数据）。图3-1所示为某类出版物的DTD定义界面。

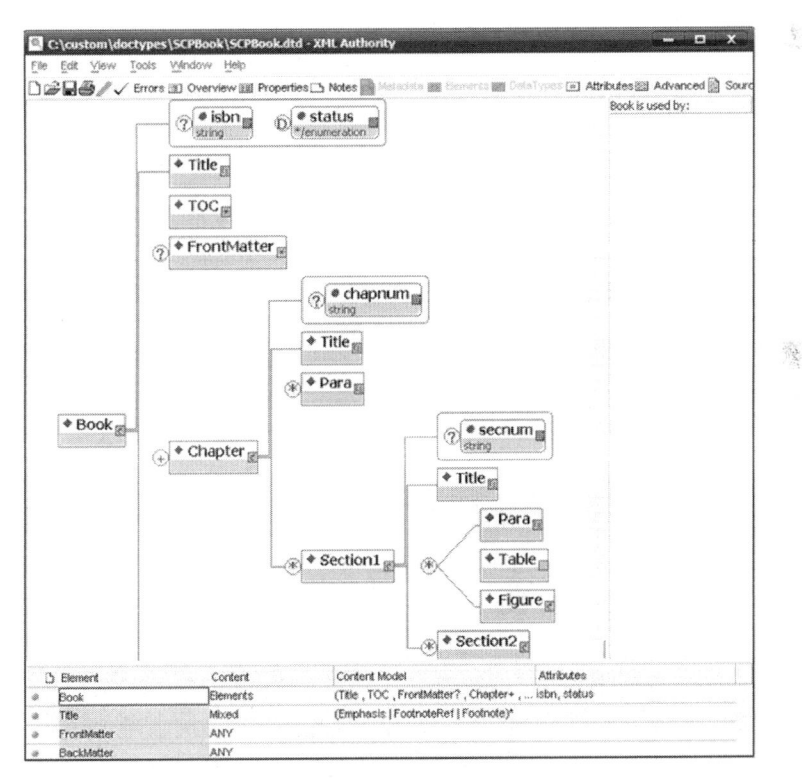

图3-1 某类出版物的DTD定义界面

内容碎片对象和业务元数据的复杂程度决定了文档类型定义的难度。一类图书可以定义一套文档类型，出版单位可以根据业务需要定义一套或多套文档类型。

3.3.1.2 设置系统组织结构

这里所说的组织结构,不是指出版单位的行政组织结构,而是指与内容资源创作、修改、审核、校对、存取、发布、浏览、阅读等环节有关的团队、人员角色及权限控制机制。通过工作团队、角色和权限的设定,将业务人员映射到平台角色上,每个角色都对特定内容资源拥有一定的操作权利,以此来保证团队协同和信息共享过程中正确的内容资源访问控制。

3.3.1.3 设置工作流

内容资源的生命周期不同阶段的转变是由工作流触发的,通过工作流设置工具,可以设定流程节点及状态迁移规则,系统会自动按设定的流程完成工作流转,通过系统界面或邮件方式实现任务列表和待办催办通知。图3-2为工作流设置示例。

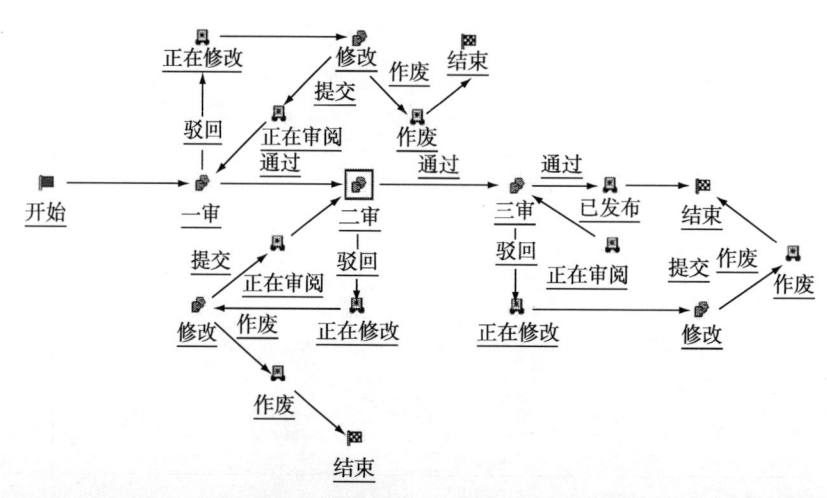

图3-2 工作流设置示例

3.3.1.4 设计拆分规则

由DTD定义的内容对象，可在实际使用中实现内容重用和内容动态组装，以满足个性化发布的需求。其实现机制由拆分规则文件提供，拆分规则文件中限定了内容被分割和单独存储的最小内容单元，如一本书中的每个章节、表格、图片、公式等均可以作为独立存储的内容单元，这些内容单元都可以在后期被单独引用。需要特别指出的是，内容单元的划分应根据业务需要合理设定，并不是划分得越细越好。图3-3所示为一个拆分规则文件示例。

```
-<burstspec>
  -<boundaryspec fileent="on" graphics="on">
     <element name="Chapter" objecttype="xinclude"/>
     <element name="Section1" objecttype="xinclude"/>
     <element name="Figure" objecttype="xinclude"/>
     <element name="Graphic" objecttype="xinclude"/>
     <?Pub Caret?>
     <element name="Table" objecttype="xinclude"/>
   </boundaryspec>
  -<createarg>
    -<namecriteria>
       <namerule elementname="Book" nameexpression="concat('(', name(), ')', Title)" rule="xpath"/>
       <namerule elementname="Chapter" nameexpression="concat('(', name(), ')', Title)" rule="xpath
       <namerule elementname="Section1" nameexpression="concat('(', name(), ')', Title)" rule="xpat
       <namerule elementname="Table" nameexpression="concat('(', name(), ')', Caption)" rule="xpath
       <namerule elementname="Figure" nameexpression="concat('(', name(), ')', Title)" rule="xpath"
       <namerule rule="element-name"/>
     </namecriteria>
    -<dmsobjtype>
       <typerule elementname="Book" targettype="wt.epm.EPMDocument|cn.com.DynamicDoument|cn.com.SCP
```

图3-3 拆分规则文件示例

3.3.1.5 设置存储规则

在内容资源管理系统，可以灵活地依据业务需要（如业务类别、数据类型）来划分内容的存储结构，如图3-4所示为依照学科来进行划分的存储结构。

每一类内容资源在系统中可视为一个产品，每个产品下包含了具体隶属于该产品的某本书的所有内容。这样便于更加有效地检索。以词库为例可以建立如下表3-1所示。

表3-1 产品库

序号	产品库
1	小学生词库
2	中学生词库
3	大学词库

续表

序号	产品库
4	考试词库
5	计算机专业词库
6	法律专业词库
7	其他

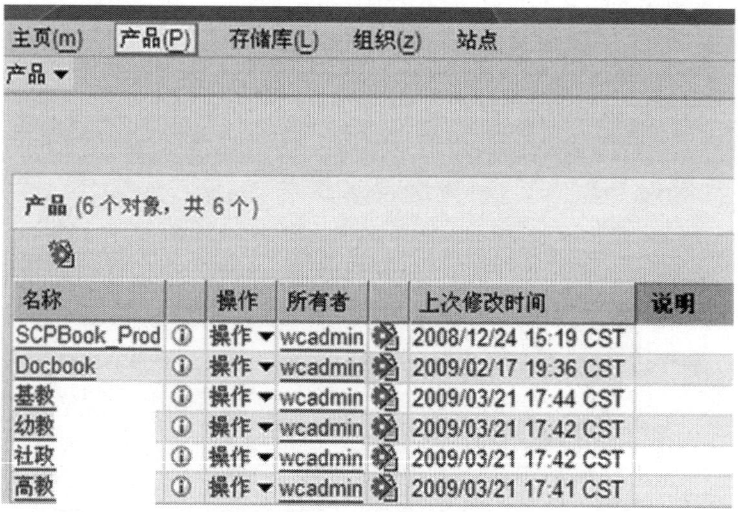

图3-4 内容资源管理系统中内容的存储结构

3.3.2 内容的编辑加工

3.3.2.1 数字化编辑加工

利用数字化编辑器,可以直接进行内容创作,也可以浏览或修改已创建和入库的内容资源,同时可以根据需要从内容资源库中选择所需内容单元加入到新的出版物中,实现内容重用。图3-5所示为某内容编辑工具示例。

在进行数字化编辑加工中,数字编辑人员的工作核心就是添加标引。图3-6所示就是数字编辑人员进行内容标引的工作界面。

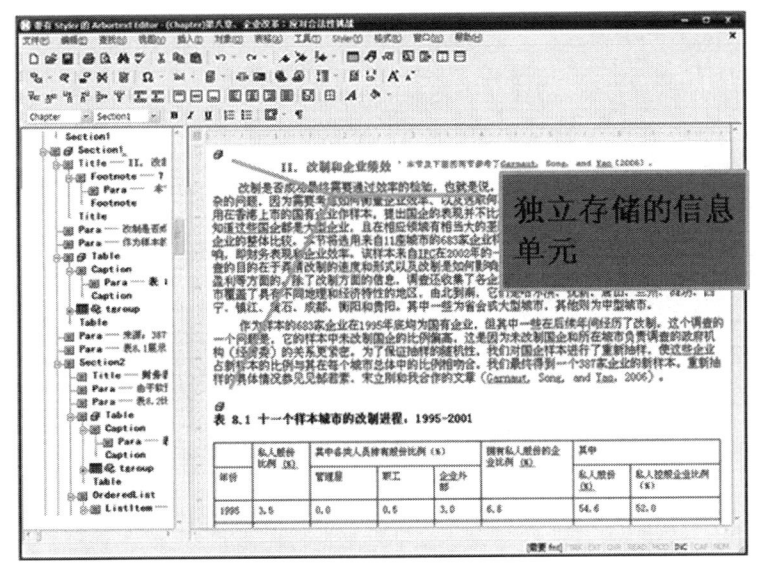

图3-5　内容编辑工具示例

图3-6　内容标引工作界面

3.3.2.2　内容资源入库

在内容资源管理系统中,数字化编辑器和内容资源库应实现无缝集成。如图3-7所示为PTC ACM的资源入库界面,通过与内容资源库所在的服务器建立连接,在数字化编辑器中新创作或修改的内容就可以根据预先定义好的拆分和存储规则完成即时入库操作。同样内容资源库的内容也可以检出到数字化编辑器中进行编辑加工和深度标引等操作。

图3-7　PTC ACM内容资源入库界面

3.3.3　内容产品发布

内容资源管理系统的另一项重要功能是内容产品的发布。内容产品的一次制作，多产品形态发布是目前内容资源管理系统追求的目标。如图3-8至图3-13所示，内容产品制作完成后，通过简单的操作，就可以发布成PDF、网页、手机出版物、chm等形态的产品。

图3-8　内容产品制作

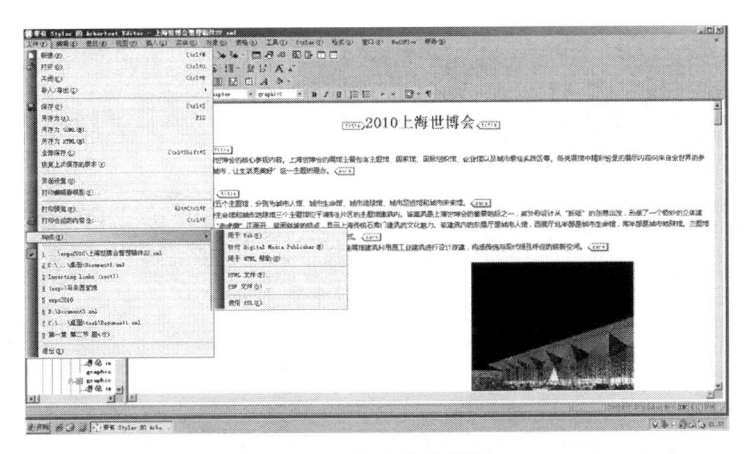

图 3-9　内容产品发布

图 3-10　发布成网页

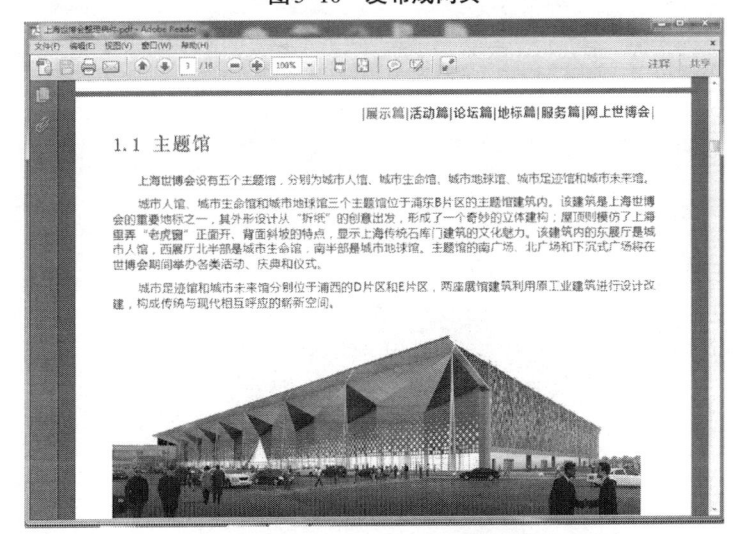

图 3-11　发布成 PDF 文件

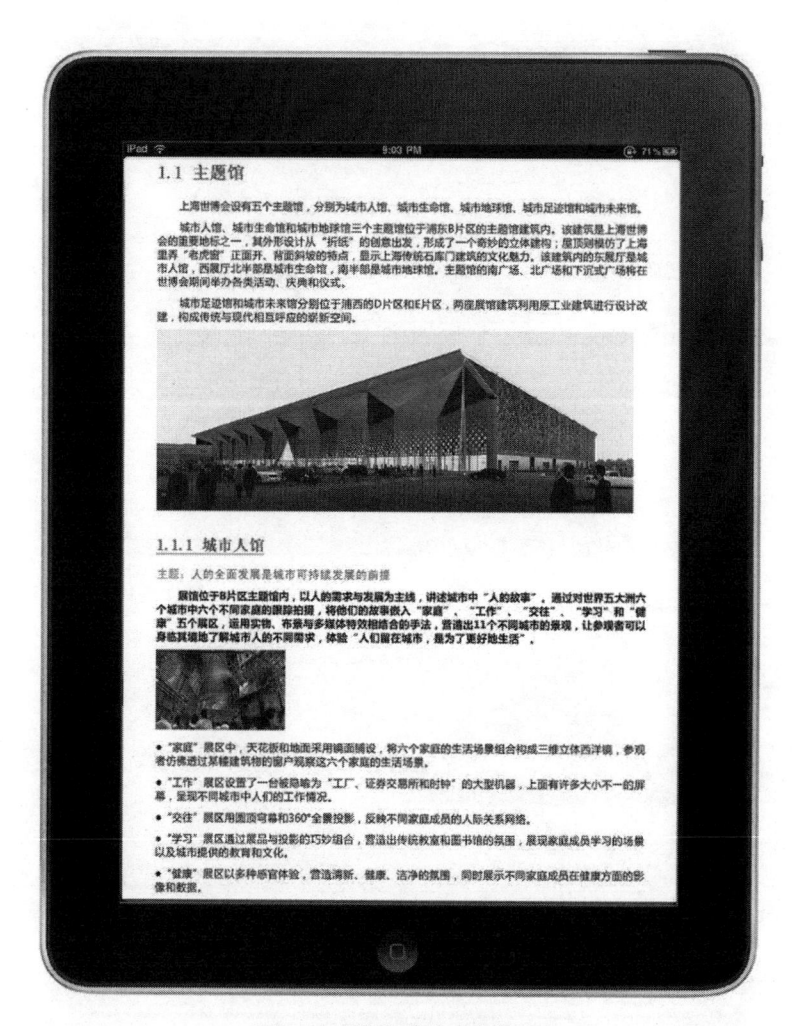

图3-12　发布成移动出版物

图3-13　发布成chm文件

3.4 主要内容资源管理平台介绍

3.4.1 PTC ACM

本章上面介绍的内容加工和管理技术均是基于 PTC ACM 平台。美国参数技术公司(Parametric Technology Corporation，PTC 公司)的 Arbortext Content Manager 基于先进、成熟的技术，能自动将用 Arbortext 创作的 XML 文档"拆分"为文档数据单元，以供重用和动态组合。这些文档数据单元受到 Arbortext Content Manager 强大的配置管理和工作流功能的控制——受驱动的过程自动化。

PTC ACM 的主要功能有：

①协作。利用它基于 Web 的体系结构支持分散在各地的团队之间的协作。

②动态内容。管理多种类型的内容，包括文本、图形、插图、链接和多媒体对象。

③工作流功能。使用户能轻松为特定的各业务需求建立流程模型。

④动态发布。PTC ACM 和 Arbortext Publishing Engine(发布引擎)进行整体连接和无缝集成。Arbortext Publishing Engine 是一种基于服务器的系统，它从内容管理系统或文件系统中取出 XML 和 SGML 内容，为不同的受众组合该内容，并自动以印刷或电子形式发布内容(具有高质量的排版和格式设置)。Arbortext Publishing Engine 还使出版物的编辑能组合文件和文件夹，以便发布到多种类型的数字介质上和 Web 应用程序中。用户可使用任何通用的 Web 浏览器访问数字介质上的内容。产生的数字介质可以支持包含多种语言、卷和文档类型的应用程序。它还帮助作者创建和管理文档中的链接、文档之间的链接、文档和介质链接之间的引用以及直接来自 Web 的链接。

3.4.2 国家数字复合出版系统工程"全媒体资源管理系统"[1]

国家数字复合出版系统工程"全媒体资源管理系统"以全媒体资源为管理核

---

[1] 国家新闻出版广电总局新闻出版重大科技工程项目领导小组办公室. 国家数字复合出版系统工程研发内容汇编[Z]. 2017:5.

心，汇集出版过程中各环节产生的内容资源，为出版社、期刊社、报社、音像出版社和出版集团等不同类型的出版机构构建全媒体资源管理体系，提供高效科学的资源管理手段，保护内容资产，解决了出版机构面临资源内容存储分散、资源对象之间缺乏关联性、资源难以重复利用等诸多问题。全媒体资源管理系统总体架构如图3-14所示，主要功能有以下5个方面。

1. 资源库建立

资源入库子系统提供图书、报纸、期刊、音像制品、电子出版物、网络出版物等相关的素材资源、过程资源、成品资源和产品资源的统一入库功能。支持资源库及元数据的个性化定制；支持系统对接及人工入库两种方式，支持单个资源入库及批量资源入库；支持资源元数据编辑；支持音视频多级编目；支持图片自动抽图、音视频自动转码、结构化资源的拆分入库及关联维护。

2. 资源检索利用

资源检索负责检索全媒体资源管理系统内的各类结构化、非结构化资源并下载利用。支持图像检索、音视频检索等多媒体内容检索。

3. 资源管理

资源管理子系统主要是对已审核入库的资源进行有效的管理。包括查找资源、发布资源、取消发布、删除资源、资源编辑及资源回收站等功能。资源长期保存支持在线、近线和离线的资源管理方式，支持资源的双备份及多备份，并提供对备份文件的定期检查功能。

4. 资源统计

资源统计包括资源总量统计、资源分类统计、资源入库统计、资源浏览统计、资源下载统计、工作量统计等丰富的统计分析功能，支持统计结果以报表方式进行导出。

5. 系统管理

系统使用前必须对资源库进行配置，以满足不同出版单位的业务需求。系统工作流引擎可以帮助用户实现入库流程、下载流程、发布流程的配置，同时系统提供分类管理、受控词管理、元数据管理、存储管理、工作流管理、策略管理、加密管理、日志管理等一系列管理功能。系统用户权限管理，可以实现不同粒度资源、不同角色用户、不同访问操作的交叉权限设置。

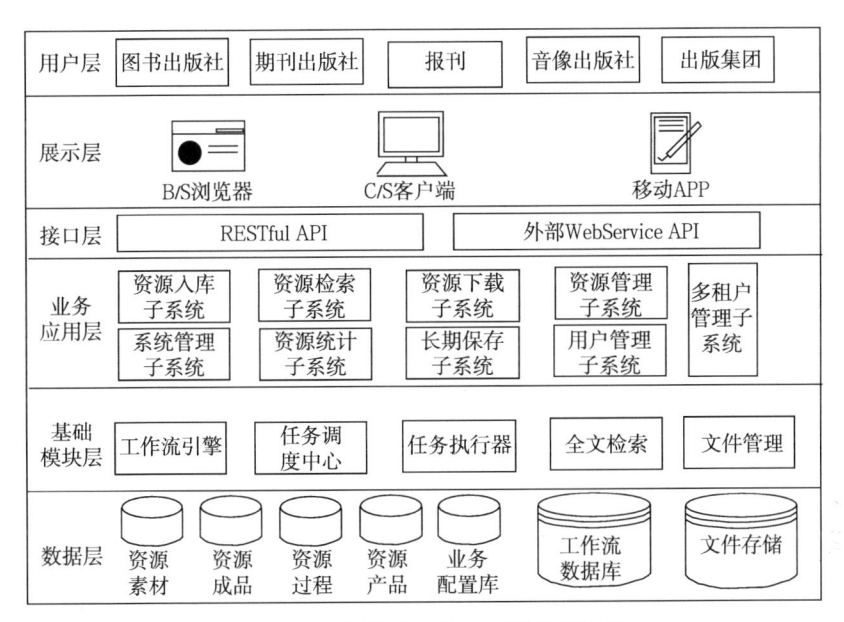

图3-14　全媒体资源管理系统总体架构

3.4.3　TRS内容管理系统

北京拓尔思信息技术股份有限公司(TRS)内容管理系统提供对内容价值链的全面管理,覆盖内容采集、内容创建、内容存储、内容传递各个环节,并集成了TRS近年投入研发的内容挖掘及知识管理最新技术成果,构建成知识管理的核心基础设施。TRS内容管理系统拓展了传统出版单位的单一内容发布流程,可提供跨媒体的各类多样化内容增值服务。支持媒体企业内部内容采集、加工、集成、发布及共享和交流,提供集企业情报监测、经营决策支持、办公协作以及知识管理、文化建设等各项功能。

TRS内容管理系统功能体系结构如图3-15所示。TRS内容管理系统包括内容统一采集系统、内容管理服务器、内容挖掘和知识管理服务、内容协作平台与内容发布平台及内容管理桌面六个组成部分,实现全面的内容管理功能。

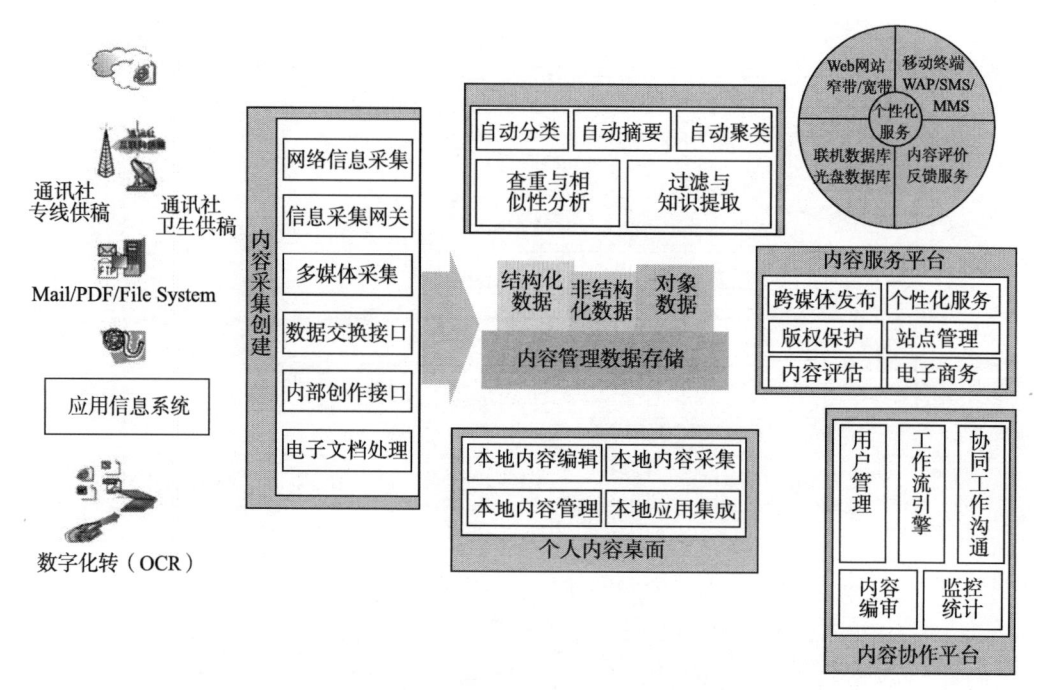

图3-15 TRS内容管理系统功能体系结[1]

---

[1] https://wenku.baidu.com/view/9b088c8402020740be1e9bb5.html，TRS媒体内容管理系统建设实施的解决方案。

第4章 数字出版产品

4.1 数字出版产品的定义

数字出版产品是指数字出版企业基于数字出版技术,设计和生产并提供给市场的、被人们消费和使用以满足人们某种需求和欲望的物品或无形的载体及服务。它是数字出版生产的成果,是用一定的物质载体承载着特定的精神内容的产品形式。

4.2 数字出版产品的形态

新闻出版总署《关于加快我国数字出版产业发展的若干意见》(新出政发〔2010〕7号)中指出:目前数字出版产品形态主要包括电子图书、数字报纸、数字期刊、网络原创文学、网络教育出版物、网络地图、数字音乐、网络动漫、网络游戏、数据库出版物、手机出版物(彩信、彩铃、手机报纸、手机期刊、手机小说、手机游戏)等。

随着数字技术的不断发展和应用,新的数字出版产品形态将不断呈现。近几年来,随着移动互联网、VR/AR技术的发展和应用,移动APP、微信出版、VR/AR内容产品等新的数字出版产品形态发展迅速。

4.3 数字出版产品的分类

数字出版产品可以从不同的维度进行分类，从满足用户需求的产品功能维度进行分，可以将数字出版产品分为数字阅读类产品、网络音乐、网络游戏、网络动漫、网络地图、网络数据库、网络音视频、网络知识服务类产品等。

①数字阅读类产品：是指利用数字技术将文字、图形、音视频等内容进行编辑加工后，存储在电、光、磁等介质上，可供用户使用计算机、手机、平板电脑、电子书阅读器、PDA、MP4、MP5等数字设备进行在线或离线阅读的产品类型。数字阅读类产品可以进一步细分为数字资讯、数字新闻、网络原创文学、网络教材、网络教辅、数字图书馆等产品类型。

②网络音乐：是指互联网上以有线或无线方式传播的音乐作品，可供用户使用有关数字终端设备进行播放和欣赏的产品类型。

③网络游戏：指以互联网为传输媒介，以游戏运营商服务器和用户计算机或移动设备为处理终端，以游戏客户端软件为信息交互窗口的，旨在实现娱乐、休闲、交流和取得虚拟成就的具有可持续性的个体性多人在线游戏。[1]网络游戏可以从渠道上细分为客户端游戏（包括PC、网络、移动终端、电视等）、网页游戏和社交游戏等，从内容上可以细分为休闲类游戏、网络对战类游戏、角色扮演类游戏、益智类游戏等。

④网络动漫：指基于现代信息技术手段创作、生产，并以有线或无线方式在互联网上进行传播的动漫出版物。网络动漫可以进一步细分为网络动画、网络漫画、网络动漫图书、网络动漫报刊、网络动漫表情、手机动漫等。

⑤网络地图：指利用计算机技术，以数字方式存储地理信息，并可供用户在互联网上进行查阅的数字地图。网络地图基于位置服务技术，能够实时获取使用者的位置信息并提供与位置相关的各类增值服务。提供网络地图服务的机构需要取得测绘等相关资质。

⑥网络数据库：指以计算机及数据库技术为依托，汇聚了专业或学科领域大量甚至海量文献资源，按有关的技术标准和分类方法对文献资源进行分类、整理、数字化加工和存储，并为用户提供强大检索功能及有关服务的产品类型。目前国

---

[1] https://baike.baidu.com/item/网络游戏/59904?fr=aladdin.

内比较典型的网络数据库产品有中国知网、万方数据、维普资讯和龙源期刊等。

⑦网络音视频：指用户可在互联网上自由点播，并通过PC、移动终端等播放设备进行收听、收看及评论交流的音视频内容产品，如各种听书产品、网络语音、网络短片、微电影等。

⑧网络知识服务类产品：指基于专业领域知识资源库和知识体系，并通过互联网为用户提供知识服务的产品类型。如"中国法律应用数字网络服务平台——法信平台"(www.faxin.cn)，汇聚了2000万篇法律文献，共计超过100亿字的法律资源，建有六大资源库和55个字库，法信平台构建的法律知识体系——法信大纲，是目前国内规模最大（法律分类条目达到13万条）、体系最全（我国七大部门基本法全部搭建）、覆盖最广（1364个案由罪名全部细分）、分层最深（分类层级最深达到20层）和串联最多（串联法律知识元达20万）的法律知识体系。法信平台可以为广大用户提供高效、精准的法律知识服务，可为法官在办案过程中提供案例大数据智推服务。

4.4　数字出版产品的特征

尽管数字出版产品种类和形态多样，但它们都具有以下一些共同特征：

①创新性。数字出版产品与物质产品不同，它不可能是以前出现的产品的简单重复，而必须是有所创新，有所突破。它必须是生产者创造性劳动的成果，必须体现出内容、形式或观念上的某种独特性。

②价值的非消耗性。数字出版产品的消费方式更多地表现为欣赏，人们所消耗的是知识、文化、艺术的物质载体，而其文化价值不但不会消耗，反而会在人们的共鸣中变得更加丰富。而且，由于文化观念的差异，人们对于同一数字出版产品的评价会相差很大，因而数字出版产品的效用很难直接衡量。同时，数字出版产品的价值也难以计量，更没有统一的社会平均必要劳动量作标准。

③商品性。数字出版产品除了作用于人们的精神生活，满足人们精神生活的需要，产生一定的社会效益之外，还能投入生产领域转化为有形的物质产品，满足人们物质生活的需要，产生一定的经济效益。在商品经济的条件下，数字出版产品具备了商品的基本属性，或说是商品化了。也就是说，数字出版产品是人们生

产出来并用于交换的劳动产品，可以进入市场并营利。当然，并不是所有的数字出版产品都能成为商品，某些数字出版产品或公益性的数字出版产品就不能商业化。但数字出版产业范畴里的数字出版产品，必须面向市场，走商品化之路。否则，数字出版产业就不可能存在。

④大众化。数字出版产业链中的数字出版产品，不面向广大受众是不可能的。即数字出版产品必须首先流行起来，得到大众的青睐，也就是有成群的人听它们、买它们、读它们、消费它们，而且似乎也尽情地享受它们，才能够得以在市场中生存。这种对受众的重视也导致产品本身必须在"大众化"方面做出应有的努力。这里所说的"大众化"，意味着产品本身要做到令人喜闻乐见，要表现大众的审美趣味，满足大众的审美期待。

⑤可复制性。数字出版产品原则上可以无限地、大量地被复制，其复制成本几乎可以忽略不计。数字出版产品的可复制性，一方面为人们共享信息提供了方便，另一方面对数字出版产品的版权保护提出了更高的要求。

⑥网络传播性。数字出版产品主要是通过网络传播。其传播途径主要包括有线互联网、无线通信网和卫星网络等。

4.5 数字出版产品设计

数字出版产品的设计，一般包括市场调研、需求分析、原型设计、视觉设计、技术实现、测试、发布和分析总结等几个阶段，我们主要介绍以下两种市场调研和需求分析。

①市场调研。市场调研的主要目的，是了解产品的目标用户及用户的真实需求；了解和分析市场上主要竞品的功能、属性、盈利模式、优缺点及市场情况；了解产品的主要应用场景。

②需求分析。需求分析的主要目的，是了解用户希望产品必须满足的一些具体要求，通常包括产品的功能需求、性能需求、可靠性需求、安全保密需求、开发周期、外部接口、服务需求等。不同的产品，需求分析的内容不尽相同。如游戏APP产品可能包括产品的前端需求分析、产品的后端需求分析及产品的性能需求分析等。前端需求分析主要包括用户注册和登录、游戏搜索、游戏分类显示、热门游戏

显示、最新游戏显示、游戏介绍、游戏充值、游戏直播、游戏礼包、游戏论坛等方面的功能需求分析;后端需求分析主要包括用户管理、游戏分类、数据分析、流量分析、评论管理、收藏管理等方面的功能需求分析;性能需求分析主要包括启动时间、加载时间、网络响应时间等方面的需求分析。数据库产品的需求分析主要包括前端的内容浏览、资源分类导航、内容检索、相关资源推送、知识服务、个性化服务、资源引用与评论、充值服务等方面的功能需求分析,后端主要包括数据库权限管理、元数据管理、内容组织与加工方式、内容覆盖的领域与范围、版权保护、订单管理、用户统计、浏览统计、检索统计、统计报表生成、资源分类标引、知识关联、知识挖掘等方面的需求分析。

用户需求分析完成后,要形成规范的需求分析文档,需求分析文档是产品设计后续阶段的主要依据。下面是某在线学习平台的需求分析,包括以下主要内容。

(1)平台功能需求

①管理功能。主要实现用户管理、批量授权管理、在线用户管理等基本功能。

用户管理:管理员对系统内的用户进行权限设置和管理,并导入、导出用户数据等。

批量授权管理:可以将某一权限同时授予给同一类用户。

在线用户管理:管理在线用户的状态,包含强制下线、显示查询等功能。

②门户管理功能。主要实现发布首页、公告管理、新闻管理、日历管理、支付设置、售卡设置及商品设置等功能。

发布首页:更新在线学习首页显示的内容。

公告管理:平台发布在首页上的公告,包括公告的查阅、添加、修改、删除等。

新闻管理:平台发布在首页的新闻,包括新闻查阅、添加、删除及类别设定等。

日历管理:设定课程开课时间和考试时间等。

支付设置:查阅、设定汇款地址、银行账号等付款信息。

售卡设置:设定充值卡的种类、金额等。

商品设置:设定图书、课程、资料等商品的销售价格及简介等。

③教学管理功能。主要实现科目管理、教师管理、课件管理、习题管理、资料管理、学员管理等功能。

科目管理：对科目课程进行安排，包括对科目、课程的查询、增加、修改、删除等。

教师管理：管理教师基本信息，包括查阅、添加、删除教师信息，修改教师权限等。

课件管理：对教师上传的课件进行查看、播放、加密、删除、后台添加新课件等。

习题管理：对各个科目课程的习题进行查阅、修改、添加、删除等。

资料管理：对各个科目课程的学习资料进行上传、查阅、修改、添加、删除等。

学员管理：管理学员基本信息，包括查阅、添加、删除学员信息，修改学员权限等。

④商城管理功能。管理课程、图书、培训资料等学习资源的销售，具有商品管理、配送管理等功能。

商品管理：管理图书、视频、光盘等学习资源，包括添加商品信息、查阅商品信息、修改或删除商品信息、设定商品售价等。

配送管理：管理售出的商品信息，包括查询售出的商品是否发货、查询发货方式（快递/邮寄/挂号/包裹等）、修改或删除发货信息等。

⑤结算管理功能。管理课程、商品销售后的款项结算，具有支付设置、充值卡管理、用户充值明细管理、用户消费明细管理等功能。

支付设置：主要是设置支付宝、财付通、快钱等相关网银支付信息。

充值卡管理：销售和管理充值卡信息，包括生成充值卡，设定充值卡面额，修改或删除充值卡等操作。

用户充值明细管理：管理用户充值信息，包括用户充值的金额、充值时间、充值方式等。

用户消费明细管理：管理用户消费信息，包括用户订购商品（包括课件、图书、视频、音像制品等）的数量、订阅的课程、订购/订阅时间、到期时间、访问记录等。

⑥考试管理功能。管理和维护涉及考试方面的各种信息，具有题库管理、组卷管理、考试安排、成绩管理和准考证管理等功能。

题型管理：系统支持单选、多选、判断、填空、连线、简答、论述等七种基本题型，管理员可以对这七种题型进行查阅、添加、修改、删除等操作。

题库管理：管理和维护试题库信息，具有题型设置（支持单选、多选、判断、填空、连线、简答、论述等七种基本题型）及相应试题信息的查询、添加、修改、删除等功能。

组卷管理：可以自由设定试卷的题型及分值，并随机生成试卷。

考试安排：管理和维护考试信息，包括设定考试时间、对参加考试的学员授权、设定考试时长及考试成绩公布的时间等。

成绩管理：管理考生考试成绩，具有汇总、查阅、导出和打印考生考试成绩等功能。

准考证管理：管理考生准考证信息，具有生成准考证编号、查阅、打印准考证等功能。

⑦在线咨询功能。用户可以通过QQ、web页面等方式与客服人员进行在线交流互动。

⑧统计分析功能。汇总统计各种信息，并可生成和打印各种报表，包括订单统计、充值卡统计、用户登录统计、科目统计、点击统计、访问统计、用户统计、广告统计、视频播放统计及下载统计等功能。

订单统计：统计各类商品的销售情况。

充值卡统计：统计充值卡的销售情况。

用户登录统计：统计用户访问、登录网站的情况。

科目统计：统计各个科目、课程的学习人数、课程安排情况。

点击统计：统计各个科目、课程、习题、广告、视频等资源的点击量。

访问统计：统计网站的访问量，包括页面点击率、注册人数、访问IP数量等。

用户统计：统计各个科目、课程的考生人数及成绩汇总分析等。

广告统计：统计页面广告的点击率。

视频播放统计：统计教学视频的点播量。

下载统计：统计教学资源的下载量，包括教学视频、课件、图片、压缩包等。

（2）平台使用需求

①网页内容添加以模板形式出现，不同的模板可以添加不同的内容。例如添加商品模板、添加新闻模板、添加课程模板、添加课件模板等。

②平台能提供对各类教学资源的上传（含单个上传和批量上传）、在线浏览、下载、后台保存管理的功能。涉及的教学资源种类包括：

文档类：PPT文档、DOC文档、EXCEL文档、TXT文档、PDF文档；

图片类：JPG图片、JPEG图片、PNG图片、BMP图片、GIF图片；

视频类：MP4、FLV、RMVB、RM、DAT、WMV、ASF；

音频类：MP3、WMA、WAV、AMR；

压缩文件：RAR、ZIP、7z、ISO、Bin。

③在线视频、在线音频要求具有防盗链、防下载功能；所有附件、教学资源都可以赋予免费下载、付费下载、注册用于下载、限定时间下载的权限。

（3）平台安全需求

①平台使用人员拟分为四大类：超级管理员、管理员（领导）、教师（普通管理员）和学生（注册用户）。超级管理员拥有所有权限；管理员（领导）拥有查阅报表、统计结果的权限，能查阅的模块、报表范围由超级管理员设定；教师（普通管理员）具有教授课程范围内的管理权限以及管理课件、该课程资源附件的权限；学生（注册用户）只有一般使用权限，考试、观看收费视频等权限由超级管理员分配。

②平台资源不能用迅雷、快车、QQ旋风等下载工具下载。

③网页屏蔽鼠标右键功能。

④平台具备定期自动备份数据的功能。

（4）平台性能及可靠性需求

①平台在1000个用户并发下，事务响应时间小于3秒，服务器cpu峰值在70%左右。

②平台提供7×24小时的连续运行，平均年故障时间<1天，平均故障修复时间<180分钟。

③平台能够防止各类误操作可能造成的数据丢失或破坏。

1. 原型设计

产品原型设计就是产品的逻辑模型设计，主要任务就是利用线框描述的方法，将产品的信息架构、主要业务流程、页面跳转流程及各页面的模块、元素、人机交互方式等描述清楚。产品原型图可以手工绘制，也可以借助工具软件绘制。目前比较流行的原型设计工具软件是Axure RP，其是美国Axure Software Solution公司开发的一款快速原型设计工具，其主界面如图4-1所示，图4-2所示为利用Axure RP软件设计的订水APP原型的店铺管理页面和下单页面。

通过产品原型设计，快速构建出产品的基本框架，可以使用户及参与产品开发的有关人员直观地了解产品的主要功能、信息处理流程及业务逻辑，可以大大提高产品设计各阶段参与人员的沟通效率，降低沟通成本，保证产品研发进程，可以更加有效地与用户沟通，减少误解，保证需求质量。

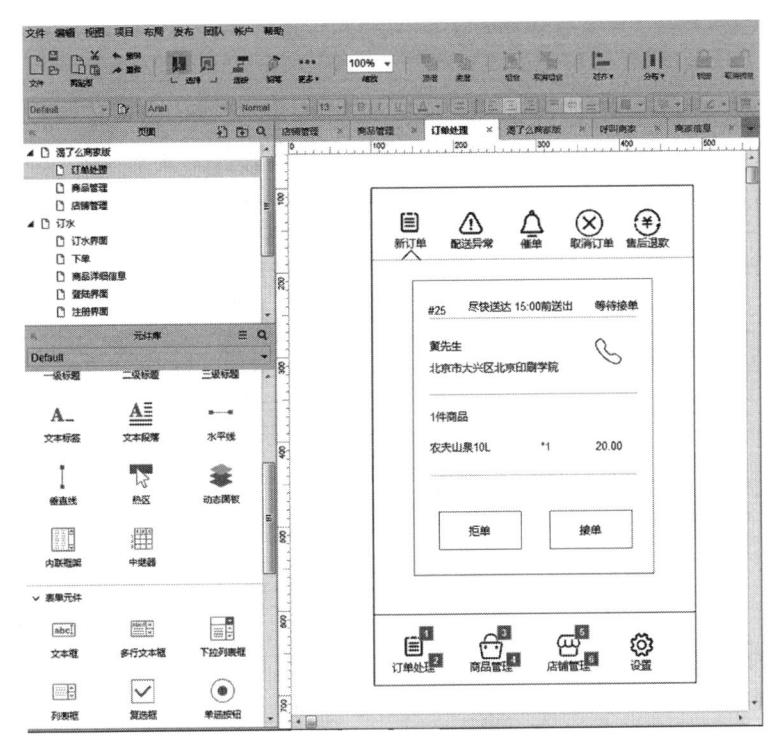

图4-1　Axure RP主界面

2. 视觉设计

视觉设计是产品的品质需求,是产品设计的重要环节,产品视觉效果的好坏直接影响着用户体验。视觉设计的目的就是要使产品获得更好的视觉效果,其主要任务包括色彩设计、界面设计和视觉设计规范的制定等内容。视觉设计规范一般包含色彩规范、文字规范、行间距、按钮规范、表单规范、图标规范、布局规范、图片尺寸及翻页等内容。

产品设计应更注重产品的内容和操作体验,应尽量降低其他因素对用户使用上的干扰。因此,视觉设计应力求简洁而又不失精致,要通过有限的手段和空间来传达更多的信息,以使用户获得更好的体验。

3. 技术实现

技术实现是产品设计的关键环节,主要任务是根据产品原型设计与视觉设计方案,制定产品的技术实现方案,并通过程序设计、数据库设计、建立网络环境、安装系统软件等工作开发出可以投入市场的真实产品。

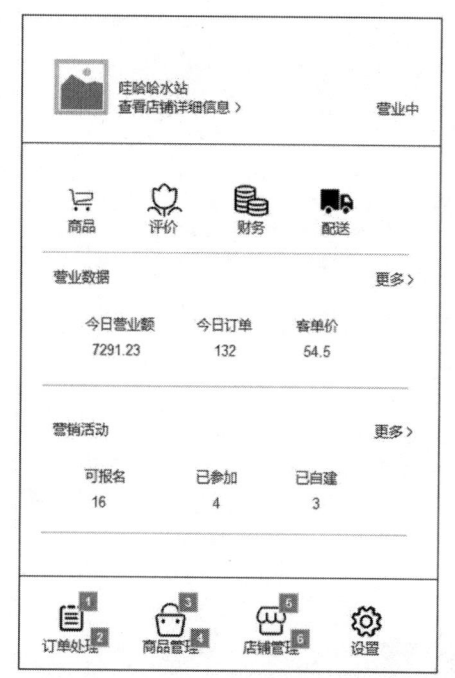

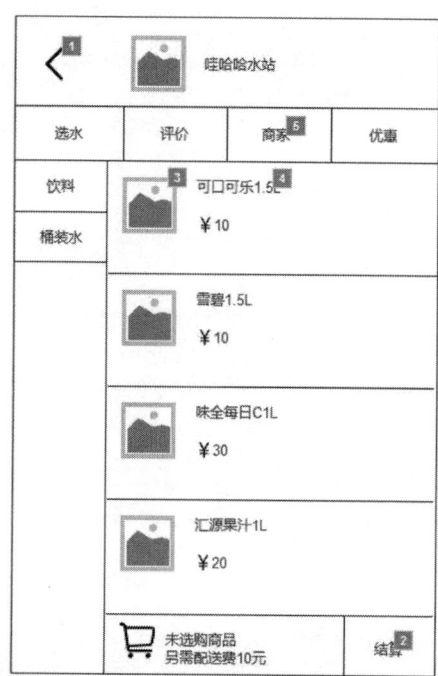

图4-2　订水APP原型中的店铺管理页面和下单页面

4. 测试

产品测试就是在产品发布之前，由内测人员或通过灰度测试方法对产品做功能、稳定性、安全性及兼容性等方面的检测，并针对测试过程中发现的各种问题，不断对产品进行改进，从而使产品达到预期的设计目标。

5. 发布

产品发布阶段的主要任务，是制定详细的产品营销推广方案和运营策略，并在有关的产品发布平台发布产品，从而使产品正式进入到市场，接受用户的检验。

6. 分析总结

产品分析总结阶段的主要任务，是不断收集和整理用户反馈意见及产品市场数据，提出产品进一步的改进意见及产品运营策略的调整意见等。

4.6 数字出版产品发展策略

1. 整体规划，分步实施

数字出版经过多年的发展，已步入快速发展期，但从传统出版业的发展情况看，数字出版的收入在出版业整体收入中所占的比例还比较低，数字出版的盈利能力不足，致使很多出版企业不愿投入太多的资源发展数字出版业务，一些出版企业还处于起步和尝试阶段。

数字出版是出版业发展的重要趋势和方向，如何发展数字出版，加快推动传统出版和数字出版融合发展，数字出版产品研发是关键。在数字出版产品的开发上，要遵循整体规划、分步实施的原则，出版企业要根据自身内容资源的特点和优势、资源建设的可行性、可能投入的资金和人力资源、产品的技术实现难度及其他资源的配置等情况，在产品的发展方向上做好整体规划，选择投入少、技术门槛低的产品入手，逐步落地，稳步推进。例如，北京某大型出版企业凭借其经管和计算机类图书资源的优势，采用纸书配电纸书的模式，每年PDF版本电子书产品的销售收入就达1000多万。

2. 品种和产品形态多样化

多品种、多产品形态开发，实现数字出版产品的多样化和规模化是数字出版企业扩大数字出版业务规模、提高数字出版发展水平的重要途径。

（1）多品种开发

多品种是指产品内容不同，而产品形态相同或不同的数字出版产品。

克里斯·安德森的长尾理论告诉我们：只要存储和流通的渠道足够大、成本低，需求不旺或销量不佳的产品所共同占据的市场份额可以和那些少数畅销产品所占据的市场份额相匹敌甚至更大。

图4-3是美国在线音乐零售商Rhapsody公司2005年12月音乐曲目下载次数统计数据。从图中可以看出，在排行榜前列的曲目都有巨大的需求，尾部快速下降的部分代表的是不太流行的曲目。

最让人吃惊的是，在Rhapsody的无数曲目中，几乎每一首歌都有人买。在Rhapsody，不仅排名前6万位的曲目能达到每月至少被下载或被点播一次的水平，前10万、20万、30万、40万，甚至60万、90万位都可以。对Rhapsody来说，音乐市场似乎是无穷无尽的。只要Rhapsody在它的歌曲库中增加新曲目,就会有听众点播这些新歌曲,尽管每个月只有少数几个人点播了它们,而且还分布在世界上不同的国家。这就是Rhapsody销售曲线中的"长尾效应"。

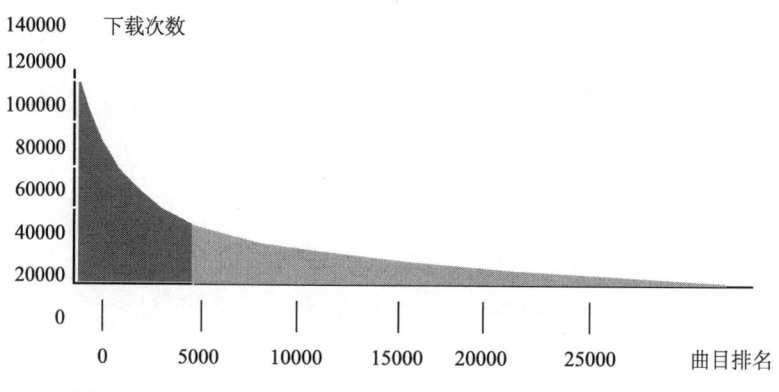

图4-3　Rhapsody公司2005年12月音乐曲目下载次数统计数据

俗话说,星星之火,可以燎原;涓涓之水,汇成江河。数字出版产品由于其存储、流通、运营管理及销售成本几乎可以忽略不计,可以说一次制作,永远受益。因此,随着时间的推移,任何"小众产品"在互联网上都会有被点击和被卖出去的机会。"小众产品"在企业销售或利润曲线上会形成了一条长长的"尾巴",许多"小众产品"的点滴销售累加起来,也可以使数字出版企业获得丰厚的回报,有时甚至可以超过畅销产品带来的利润。

互联网时代是关注"长尾"、发挥"长尾"效益的时代。数字出版企业以自身特色和优质资源为依托,重视和开发长尾"小众产品",采取"大众产品"和长尾"小众产品"并存的经济增长方式,将更有利于数字出版产业的发展和繁荣。

(2) 多产品形态开发

多产品形态开发是指同一内容资源开发成不同形态的数字出版产品,即复合出版。如同一内容资源可以开发成电子书、电子杂志、手机读物及多媒体光盘等多种形态的产品。

如图4-4所示为2000—2016年我国图书总品种及单品平均印数的发展情况,从图中可以看出,我国图书总品种数在逐年增加,而图书的单品印数则在逐年减少,这也彰显出了用户在内容产品方面的个性化需求将呈逐年增长的趋势。数字出版产品多品种、多产品形态开发是互联网时代满足用户个性化需求日益增长的需要。

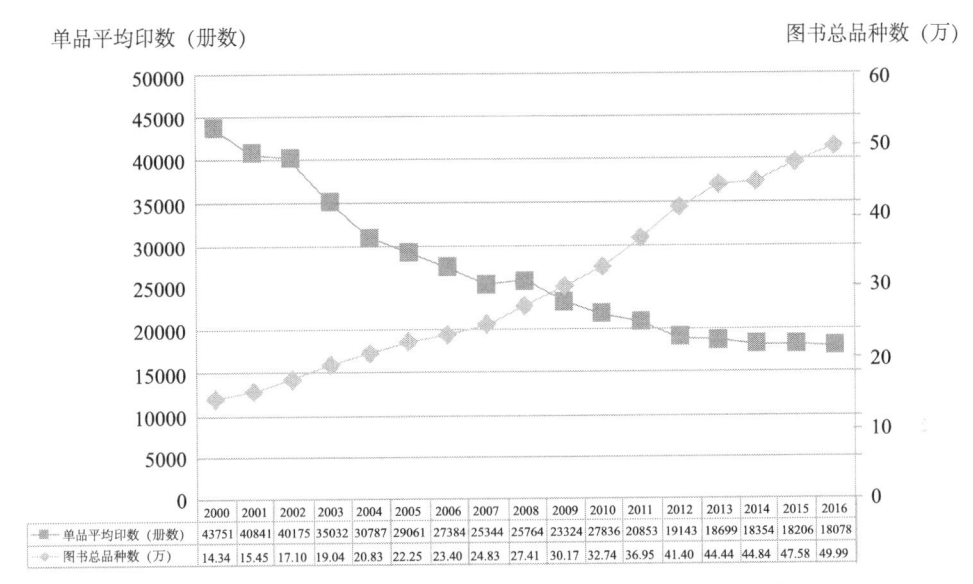

	2000	2001	2002	2003	2004	2005	2006	2007	2008	2009	2010	2011	2012	2013	2014	2015	2016
单品平均印数（册数）	43751	40841	40175	35032	30787	29061	27384	25344	25764	23324	27836	20853	19143	18699	18354	18206	18078
图书总品种数（万）	14.34	15.45	17.10	19.04	20.83	22.25	23.40	24.83	27.41	30.17	32.74	36.95	41.40	44.44	44.84	47.58	49.99

图4-4　2000—2016年我国图书总品种及单品平均印数❶

3. 内容为王、打造品牌

出版的本质是传播优秀文化，从出版业的发展和变革来看，数字出版只是出版业发展的一个新阶段，数字出版的本质依然是传播优秀文化和提供精准的知识服务。在数字出版发展初期，内容企业、渠道企业、技术企业可谓群雄并起，逐鹿中原，"内容为王""渠道为王""技术为王""用户为王""服务为王"等曾是业界和学者讨论的热点话题。经过多年的发展，数字出版已经进入到了一个全新的发展时期，以今日头条、咪咕阅读、腾讯大家、百度百家、澎湃新闻网、掌悦科技、中文在线、优酷、爱奇艺、豆瓣、得到、知乎、喜马拉雅FM等为代表的新媒体内容传播平台，其优质原创内容的影响力、传播力令人瞩目，"内容为王"再一次被越来越多的人所提及，内容资源已经成为传媒企业的核心资源，优质原创内容的生产和供给能力已经成为传媒企业的核心竞争力。

数字出版企业要充分挖掘利用以往的优势内容资源和现有品牌资源，如畅销书和规模化的专业图书资源等，并借助互联网、移动媒体、影视等多种传媒手段，

---

❶ 数据来源：2000—2016年《新闻出版产业分析报告》。

打造特色化、专业化、品牌化的数字出版产品,铸造自己的"拳头产品"和"金字招牌",树立良好的产品形象和企业形象,形成品牌效应。如中国少年儿童新闻出版总社打造的红袋鼠品牌产品包括红袋鼠图书、红袋鼠画报、红袋鼠动画片、红袋鼠故事大王、红袋鼠虚拟偶像、红袋鼠点读笔、红袋鼠语音玩具、红袋鼠文具等已经形成品牌效应。

4. 加强技术创新,打造特色产品

近几年来,云计算、物联网、大数据、人工智能及VR/AR等新技术发展迅速,并且在许多行业得到了大量的应用。加强技术应用创新,打造差异化和特色产品是出版企业提升产品竞争力的重要途径。如图4-5所示是人民卫生出版社基于VR技术开发的医学辅助解剖教学产品《人卫3D系统解剖学》,产品中建立的接近真实人体大小的骨骼模型、肌肉模型、内脏模型、神经模型、心血管模型等可以通过动作控制器进行任意组合和拆卸(图4-6),包括360度的旋转和近距离的全方位观看,能够非常有效地帮助学生了解人体结构,练习解剖操作。该产品在VRCore 2016硬核虚拟现实大赛中获得最佳应用奖。

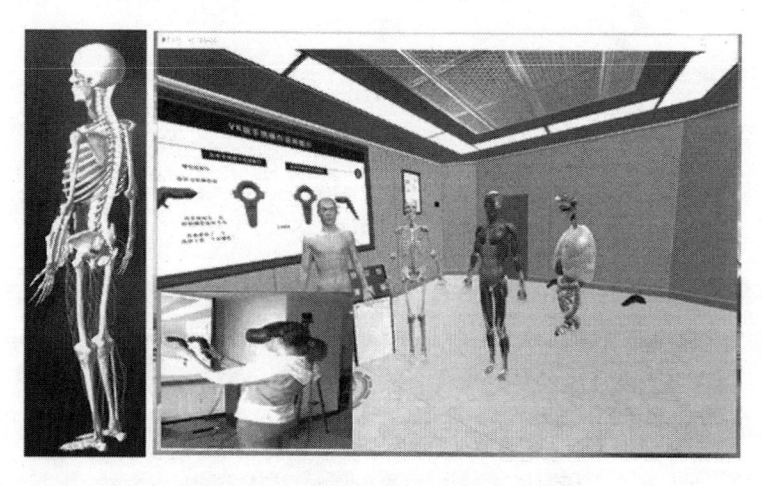

图4-5 《人卫3D系统解剖学》人体模型

图片来源:优酷视频截屏

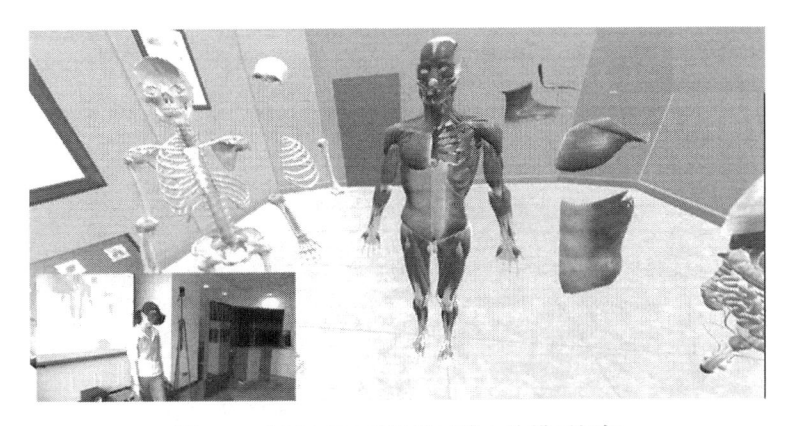

图 4-6 《人卫 3D 系统解剖学》人体模型拆卸

图片来源：优酷视频截屏

2015年5月29日，清华大学出版社在纽约举行的美国书展上向公众推介了原创的数字多媒体出版物《美丽化学》，如图 4-7 所示。《美丽化学》向人们展示了使用 4K 高清摄影机捕捉到的化学反应中的缤纷色彩和微妙细节，采用先进的三维电脑动画和互动技术，展示了近年来在《自然》和《科学》等国际知名期刊中报道的微观化学结构，如图 4-8 和图 4-9 所示。在 2015 年度美国国家科学基金会和美国《大众科学》杂志举办的 VIZZIES 国际科学可视化竞赛中，《美丽化学》获得视频类专家奖（Experts' Choice）。

图 4-7 《美丽化学》

图片来源：清华大学新闻网

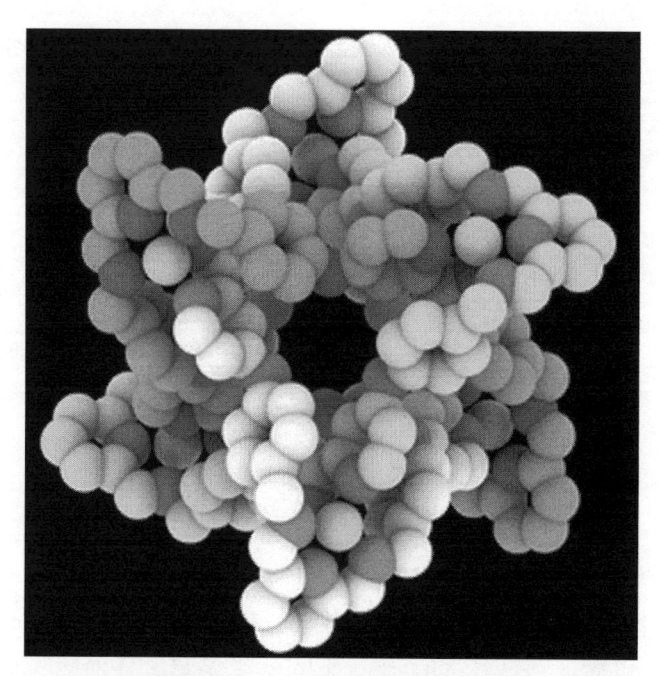

图4-8　DNA纳米太空船分子结构
图片来源:清华大学新闻网

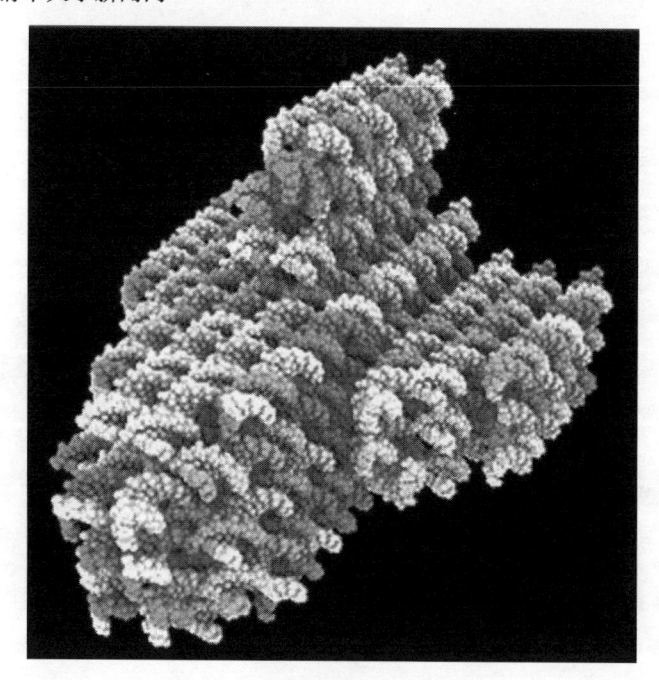

图4-9　菠萝米安链环分子结构
图片来源:清华大学新闻网

《人卫3D系统解剖学》《美丽化学》等基于新技术应用的产品无疑将会改变我们的学习方式，同时也将带给我们无穷的学习乐趣，大大提高我们的学习效果。

数字出版是一种新的出版形态，数字出版企业在产品的创作、设计、生产和制作过程中要不断融合新技术，以实现内容和技术的完美结合，赋予产品更强的生命力，以特色产品获得用户的信赖，赢得市场竞争。

第5章　数字出版运营与管理

5.1　运营管理的概念

过去,西方学者把与工厂联系在一起的有形产品的生产称为"production"或"manufacturing",而将提供服务的活动称为"operations"。现在的趋势是将两者均称为"运营",生产管理也就演化为运营管理(operations management)。

运营管理就是对运营过程的计划、组织、实施和控制,是与产品生产和服务创造密切相关的各项管理工作的总称。

现代管理理论认为,企业管理按职能分工,其中最基本的也是最主要的职能是财务会计、技术、生产运营、市场营销和人力资源管理。这五项职能既是独立的又是相互依赖的,正是这种相互依赖和配合才能实现企业的经营目标。企业的经营活动是这五大职能有机联系的一个循环往复的过程,企业为了达到自身的经营目的,上述五大职能缺一不可。

运营管理的对象是运营过程和运营系统。运营过程是一个投入、转换、产出的过程,是一个劳动过程或价值增值的过程,它是运营的第一大对象,运营必须考虑如何对这样的生产运营活动进行计划、组织和控制。运营系统是指上述变换过程得以实现的手段,它的构成与变换过程中的物质转换过程和管理过程相对应,包括一个物质系统和一个管理系统。

企业运营管理要控制的主要目标是质量、成本、时间和柔性,它们是企业竞争力的根本源泉。因此,运营管理在企业经营中具有重要的作用。特别是近二三十年来,现代企业的生产经营规模不断扩大,产品本身的技术和知识密集程度不断提高,产品的生产和服务过程日趋复杂,市场需求日益多样化、多变化,世界范围内的竞争日益激烈,这些因素使运营管理本身也在不断发生变化。尤其是近十几年来,信息技术突飞猛进的发展和应用,为运营管理提供了强有力的手段,也使运营管理进入了一个新阶段。

现代运营管理涵盖的范围越来越大,已不仅局限于生产过程的计划、组织与控制,而是扩大到包括运营战略的制定、运营系统设计以及运营系统运行等多个层次的内容。把运营战略、新产品开发、产品设计、采购供应、生产制造、产品配送直至售后服务看作一个完整的"价值链",对其进行集成管理。

信息技术已成为运营管理的重要手段,它的广泛应用引起了一系列管理模式和管理方法上的重大变革。近30年来出现的计算机辅助设计(CAD)、计算机辅助制造(CAM)、计算机集成制造系统(CIMS)、物料需求计划(MRP)、制造资源计划(MRPII)、企业资源计划(ERP)、供应链管理(SCM)及电子商务(EC或EB)等,在企业生产运营中得到广泛应用。

互联网和云计算技术的发展和应用,加快了全球经济一体化的发展。全球化运营管理已成为现代企业运营管理的发展趋势。[1]

数字出版运营管理,涉及数字出版企业产品开发与设计、平台建设、渠道与市场管理及商业模式设计等一系列活动,这些活动涉及数字出版产业链的各个环节。

5.2 数字出版管理体制与运行机制

1. 数字出版管理体制

目前,传统出版业数字出版管理体制主要有部门制、公司制、部门+公司制三种主要发展模式。

部门制是指出版企业(集团)设立数字出版部门(中心)专职机构来发展和管理数字出版业务,目前90%以上的出版企业设立了数字出版部门(中心)。

公司制是指出版企业(集团)设立独立的数字出版公司来发展和管理数字出版业务,目前在170家数字出版转型示范单位中,有98家采用了公司制发展模式,

---

[1] http://zhidao.baidu.com/question/22977206.html.

占比为57.6%。

部门+公司制,是指在出版企业(集团)中既有独立的数字出版部(中心),又有独立的数字出版公司。数字出版部(中心)的职能,主要是承担政府财政项目的申报、组织实施及企业内部有关项目的组织与实施工作,而数字出版公司的主要职能主要是产品研发、运营、成果转化及对外合作等。例如,凤凰出版集团设立了专门的数字中心,同时还设立了凤凰数字传媒公司、凤凰数据公司、凤凰知慧教育公司等数字出版公司;地质出版社设立了专门的数字出版事业部,同时还设立了中地数媒(北京)科技文化有限公司;外语教学与研究出版社设立了数字出版部,同时还设立了北京外研讯飞科技教育有限公司。

数字出版工作具有很强的专业性,除编辑之外,还需要产品设计、技术、运营等多方面专业人才,并且需要大量资金和资源投入,因此,如果以部门制的方式在出版企业内部推进,会遇到多种困难。而通过设立数字出版公司,可以避免许多问题。从长远的发展来看,公司制更有利于数字出版业务的发展,是出版业未来的发展趋势,因此,有条件的出版企业(集团)应及早采用公司制发展模式,同时在管理与运营方面,给予公司更多的自主权,使其成为相对独立和市场化运作的数字出版公司,以便为数字出版业务提供更好的发展环境。

2. 数字出版运行机制

数字出版运行机制,是出版企业(集团)指在现有管理体制下数字出版部门或公司在人才队伍、项目管理、利益分配、考核激励、科研管理、市场、竞争等方面的管理制度与方法,如选人用人机制、干部选拔机制、利益分配机制、绩效考核机制、科研机制、市场机制、股权激励机制、竞争上岗机制等。

近几年来,许多出版企业(集团)在数字出版运行机制方面取得了明显的效果。例如,一些单位的数字出版公司选人、用人机制实现了完全市场化,采用公开、公平的招聘方式,根据岗位需要选择合适人才,并且一律按国家有关法律、法规,在平等自愿、协商一致的基础上,与单位签订聘用(劳动)合同,建立了严格、规范的员工竞争上岗制度,在晋升、考核、收入、福利、流动等方面一视同仁,大大激发了员工创新创业热情;有的单位建立了重能力、重实绩、重贡献的分配激励机制,试点并推行期权激励、股权激励,推进企业CEO负责制,形成以效益为导向、激励与约束相结合的考核制度,强化激励作用,激发了内部活力。

但对于长期处于传统体制下的出版企业(集团)来说,数字出版运行机制还缺乏足够的自主性和灵活性,还需要不断地改革和创新。

2014年以来,中央及国家有关部委先后出台了一系列股权激励的相关政策。2014年7月,国务院办公厅发布了《关于印发文化体制改革中经营性文化事业单位转制为企业和进一步支持文化企业发展两个规定的通知》,明确提出"建立党委和政府监管国有文化资产的管理机构,强调国有文化企业要健全公司法人治理结构,探索实行特殊管理股试点和股权激励试点"。

2015年3月13日,中共中央、国务院出台了《关于深化体制机制改革加快实施创新驱动发展战略的若干意见》,提出"鼓励各类企业通过股权、期权、分红等激励方式,调研科研人员创新积极性";"建立促进国有企业创新的激励制度,对在创新中作出重要贡献的技术人员实施股权和分红权的激励"。

2016年9月,国家税务总局、财政部联合下发了《关于完善股权激励和技术入股有关所得税政策的通知》,强调"对符合条件的非上市公司股票期权、股权期权、限制性股票和股权奖励实行递延纳税政策";"对上市公司股票期权、限制性股票和股权奖励适当延长纳税期限"。

上述政策为出版企业(集团)在数字出版机制建设方面推行股权激励机制提供了政策依据,数字出版公司实行股权激励,允许或者鼓励高新技术人才、管理层持股,能更好地促进公司健康发展。

5.3 数字出版产业链

产业链是产业经济学中的一个概念,是指同一产业中不同分工环节之间基于一定的技术经济联系,并依据特定的逻辑关系和时空布局关系客观形成的链条式关联关系形态。

传统出版产业链中,如图5-1所示,出版企业作为连接作者、印制企业、发行企业和读者的纽带,处于产业链的核心位置,主导产业链的运营。传统出版产业链是单向、封闭的链条,其他企业很难参与进来。

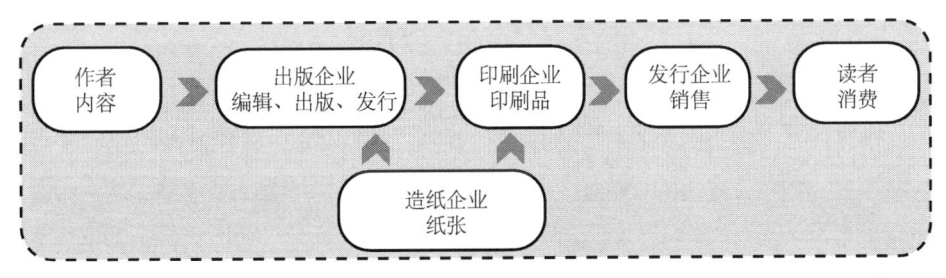

图 5-1 传统出版产业链

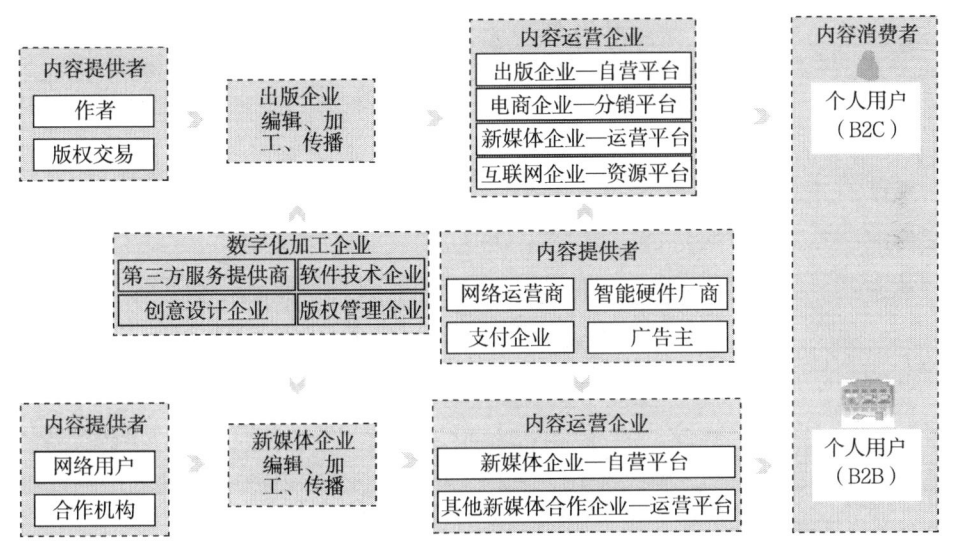

图 5-2 数字出版产业链

数字出版产业链的构成，比传统出版产业链要复杂得多。如图 5-2 所示，数字出版产业链角色多，环节多，除了内容提供者、出版企业、内容加工企业、新媒体企业、内容运营企业和消费者之外，技术提供商、智能硬件厂商、网络运营商、支付企业、广告主、版权代理商等企业通过提供各种服务也都加入了产业链。产业链各方关系交错，它不再是以出版企业为核心的单向、封闭结构，而是依靠精准、高效的信息和知识服务能力来决定，是交叉、开放的结构。

5.4 数字出版流程管理

数字出版是以数字化的内容资源为核心的生产，它主要包括内容资源采集和创作、内容资源加工、内容资源管理和产品发布等环节。

1. 内容资源采集和创作

内容资源主要包括文字、图片、音视频等，它可以是作者创作的书稿、字画、网络原创文学、网络原创音乐或制作的动漫、动画和拍摄的图片、视频、电影等作品。该环节主要是通过作者、记者、采编人员、版权交易、内容提供商等获取内容资源，并对采集到的内容资源进行审读和校对。

2. 内容资源加工

该环节主要是对采集到的内容资源，按有关标准和元数据要求进行分类、标引等深度加工，以实现内容资源的"碎片化"管理。

3. 内容资源管理

该环节主要是基于内容资源管理系统，将加工后的内容资源分类入库，实现对内容资源的存储、利用、检索、更新及统计分析等管理操作。

4. 产品设计

数字出版产品的设计，一般包括市场调研、需求分析、原型设计、视觉设计、技术实现、测试、发布和分析总结等几个阶段，其中的产品发布环节主要是根据用户需求，将内容资源以各种产品形态，通过多渠道进行发布，实现一次采集，多形态生成、多渠道传播。

5. 产品运营

简单地说，产品运营就是指一切用于连接用户和产品，并产生产品价值和商业价值的手段。包括市场运营、用户运营、渠道运营、内容运营、活动运营、品牌运营等。

上述只是介绍了数字出版的几个主要业务环节，每一业务环节均可以细分为许多具体的业务。

数字出版流程管理就是要规范具体的数字出版业务操作，并用流程图的形式进行描述。数字出版流程图一般包括流程的起点、角色、任务、流程节点的输入信息（数据）、流程节点的输出信息（数据）及终点等。数字出版流程图没有具体的标准，不同的企业可能有不同的描述方法。

图5-3、图5-4所示为某报业集团的传统出版信息采编流程和数字出版信息采编流程。在传统的采编流程中，每位记者采集信息、加工和使用信息都是独立进行，信息不共享，很难多次利用。在数字出版采编流程中，信息来源渠道多种多

样,有全媒体记者采集的信息、信息采集员搜集的信息、作者投稿、合作伙伴提供的信息和互联网抓取的信息等,各渠道获得的信息,经过内容加工(审读、校对、加工、技术标引等)进入到内容资源库,实现了资源的统一存储和"碎片化"管理,实现了信息的一次采集,多次利用的目的。

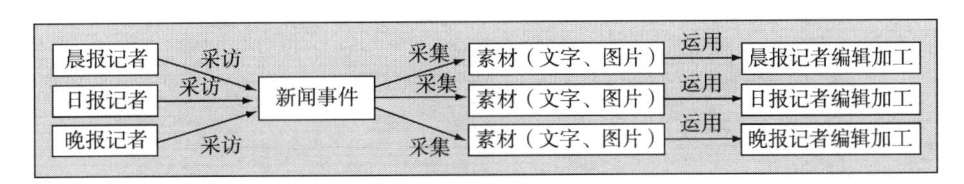

图5-3　传统出版信息采编流程

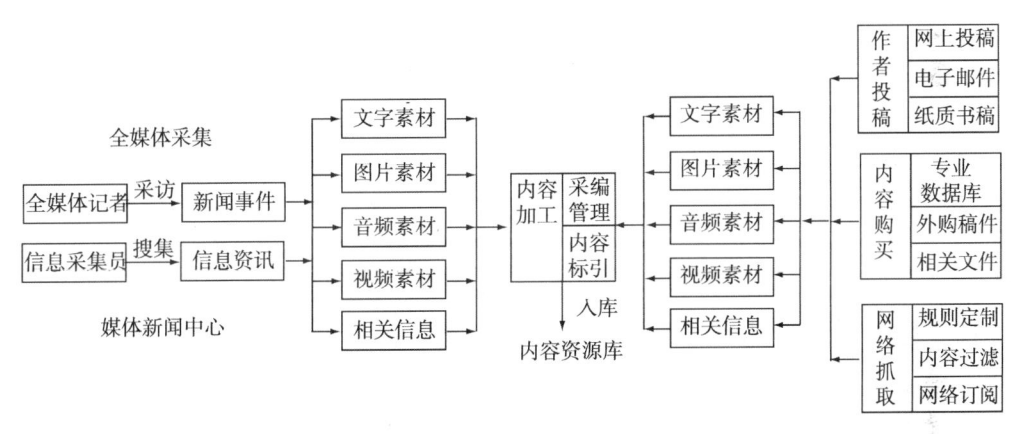

图5-4　数字出版信息采编流程

数字出版流程管理的典型代表是"中央厨房"管理模式。如图5-5所示是人民日报中央厨房的具体应用。人民日报中央厨房是一套为适应融合发展所构建的,基于全新组织架构和业务流程的生产运营机制,是人民日报社策、采、编、发的大脑和神经中枢,发挥着集中指挥、高效协调、采编调度、信息沟通等基本功能。中央厨房打破过去媒体"板块分割"运作模式,专门设立总编调度中心、采编联动平台,统筹采访、编辑和技术力量,实现"一次采集,多元生成、多渠道传播"的工作流程。

图5-5　人民日报中央厨房

图片来源：http://www.sohu.com/a/190054097_565998.

　　总编调度中心是人民日报全媒体阵营的指挥中枢，负责宣传任务统筹，重大选题策划与采访力量指挥，调度中心组建专门团队在中央大厅集中办公，利用互联网平台与各采编团队无缝连接，随时发布调度指令，通过建立总编协调会制度、采前会制度、新闻线索通报制度，报、网、客户端、微博内容生产全流程实现深度融合。采编联动平台是中央厨房的常设运行机构，下设全媒体采访中心、编辑中心和技术中心，负责全媒体新闻产品的采集、生产、分发，采访中心根据总编调度中心布置的任务，组织调度记者落实采访任务，审核记者稿件，并及时向总编调度中心反馈稿件采写情况，编辑中心根据总编调度中心布置的任务，策划版面安排，设计版面呈现，组约稿件，落实采前会布置的任务，技术中心根据采访中心和编辑中心的需求及时为记者、编辑提供技术支持，做好多媒体采集和呈现的个性化方案。基于人民日报中央厨房软件平台的内容分发、舆情监测、用户行为分析、可视化制作等一系列技术工具，前后方采编人员时刻在线连接，各终端渠道一体策划，逐步形成新媒体优先发布、纸质深度挖掘、全媒体覆盖的传播模式。

　　中央厨房发展模式是对传统出版流程的一次革命性变革，以人民日报、浙江日报报业集团、广州日报报业集团、南方报业传媒集团、中央电视台、河南大象融媒体集团、湖北广电集团等为代表的中央厨房发展模式，在报业和广电领域掀起了融合发展的新篇章。

5.5　数字出版质量管理

出版的目的是传播优秀文化,出版工作的本质是通过出版的专业活动,对内容资源进行加工整理,为读者提供精准的知识和信息服务,数字出版也不例外。

目前互联网技术及新媒体的发展非常迅速,导致出版的边界变得越来越模糊,网络直播、网络文学、知识服务APP等未经审批和加工的内容是否属于出版工作的范畴,引起了许多出版工作者的质疑和担忧,内容低俗、侵权、数据不准确甚至造假等已经成为数字出版亟待解决的问题。因此,从长远的发展来看,规范数字出版制作流程,完善数字出版审读制度,加强数字出版质量管理是保障数字出版健康发展的关键。

产品质量就是企业的生命,是企业生存的基础,数字出版企业必须以质量为导向,提高质量意识,坚持质量第一、效益优先的原则,严格把控选题策划、选题论证、编写队伍遴选、内容审读、内容校对、设计、技术实现、产品发布等环节,借鉴传统出版的多层策划、多级论证、多级遴选、内容三审三校和"齐、清、定"等质量保障措施,从学术、内容编校、产品设计、产品营销、服务、版权等各个方面加强数字出版质量管理,逐步形成全员、全流程、全媒体的数字出版质量管理体系。

5.6　数字出版产品营销

出版物营销主要有传统的地面实体渠道营销和网络营销两种方式。在互联网和电子商务大环境下,出版物营销正在由新华集团发行、实体书店销售的传统营销模式向基于互联网的网络营销模式转变。

近10年来,受网络书店的冲击,传统实体书店数量逐年下滑,严重萎缩。2011年在全球范围内,出现了实体书店倒闭潮,2011年7月22日起,有着40多年历史,一度被认为是全美最佳书店的Borders开始关闭旗下的399家店面。同时,美国最大书商巴诺书店也面临巨大的生存压力,2010年前3个月,巴诺就损失了3200万美元。著名的英国水石书店在2011年也宣布2009—2010财年利润同比下滑

70%。据统计，日本1999年时还有2.23万家书店，到2015年5月还剩1.35万家。

中国实体书店也遭遇同样的命运，北京凤入松书店、第三极书局、光合作用书店等著名人文书店接踵倒闭，曾经风光无限的北京海淀图书城鼎盛时期有200多家书店，每日人流量最高达到几十万，目前还在经营的书店已不到10家。北京新华书店首席执行官刘建华介绍，从2007—2010年，中国民营书店就减少了1万余家之多。近几年来，尽管国家出台了许多相关的政策扶持实体书店的发展，但也很难恢复往日的辉煌。

互联网已经成为企业不可或缺的营销推广渠道，网络营销已经成为企业一种重要的营销方式。中国互联网络信息中心（CNNIC）发布的《第40次中国互联网络发展状况统计报告》显示，截至2016年12月，利用互联网开展营销推广活动的企业比例为38.7%，较2015年增长4.9个百分点（图5-6）。在各种主流互联网营销渠道中，如图5-7示，即时聊天工具营销推广的使用率最高，达65.5%；电子商务平台推广、搜索引擎营销推广分列二、三位，使用率分别为55.1%和48.2%。即时聊天工具、电子商务平台、搜索引擎，长期占据企业互联网营销推广渠道的前三位置。

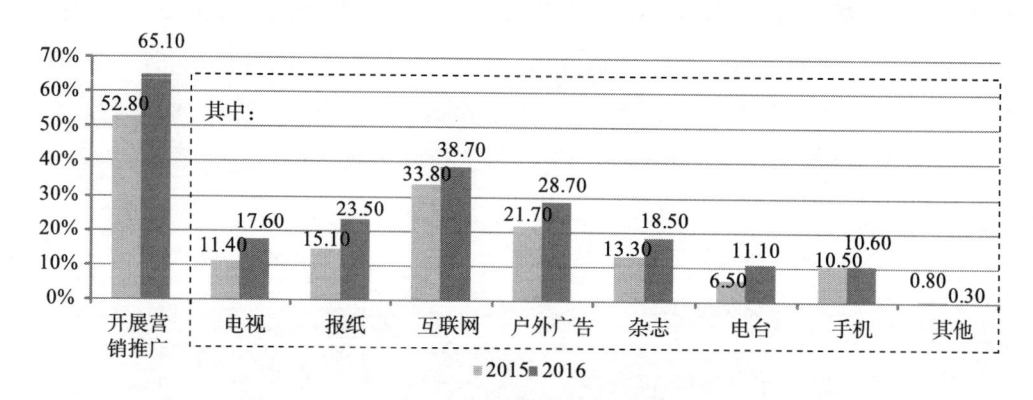

图5-6　企业营销推广渠道使用情况

微信、微博、QQ空间等社交应用正发展为连接一切的生态平台。社交应用日益丰富，从即时通信到新闻推送、视频直播、视频聊天、评论、支付交易、游戏、公共服务等，都可通过社交应用实现。社交应用已经成为企业精准和个性化营销最活跃的场所。

电子商务平台营销、社交媒体营销、数据库营销、电子邮件营销、搜索引擎营销等已经成为数字出版产品营销的主要方式。

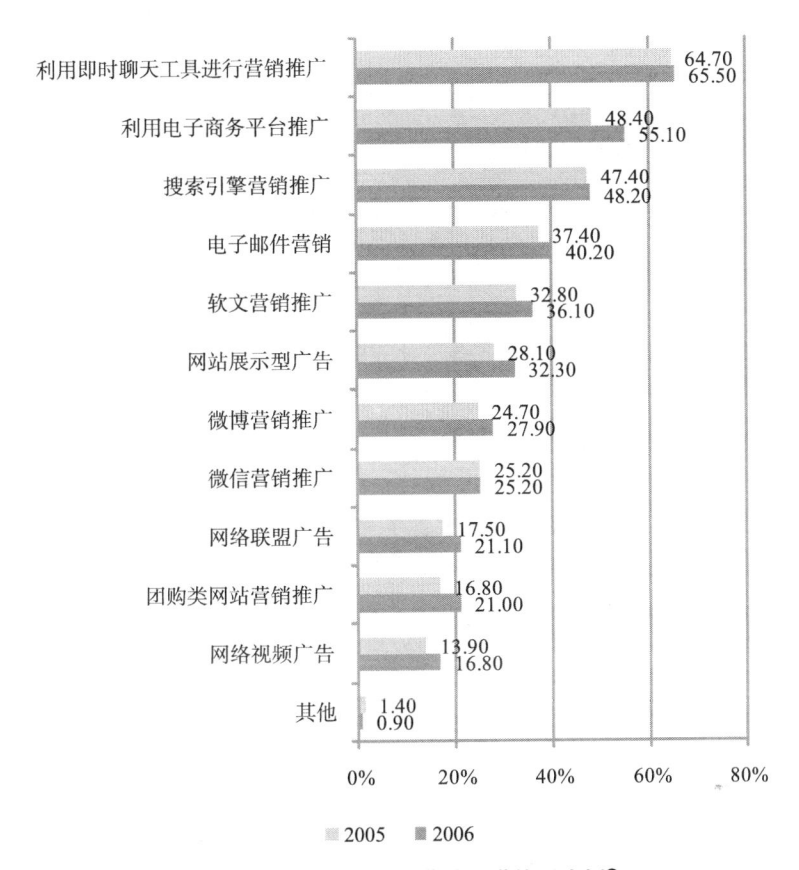

营销渠道	2005	2006
利用即时聊天工具进行营销推广	64.70	65.50
利用电子商务平台推广	48.40	55.10
搜索引擎营销推广	47.40	48.20
电子邮件营销	37.40	40.20
软文营销推广	32.80	36.10
网站展示型广告	28.10	32.30
微博营销推广	24.70	27.90
微信营销推广	25.20	25.20
网络联盟广告	17.50	21.10
团购类网站营销推广	16.80	21.00
网络视频广告	13.90	16.80
其他	1.40	0.90

图 5-7 企业各互联网营销渠道使用比例[1]

1. 电子商务平台营销

数字出版企业将数字出版产品按一定的折扣分销给当当网、卓越亚马逊、京东商城等电子商务企业,电子商务企业依托其电子商务平台,自行定价,以 B2C 的方式销售给消费者。如图 5-8、图 5-9 所示,分别为京东商城和当当网数字内容的销售页面。

随着当当网、京东商城、卓越亚马逊等电子商务企业进入数字出版产品分销领域,电子商务企业将成为数字出版产品重要的分销渠道。

---

[1] 中国互联网络信息中心(CNNIC).第 40 次中国互联网络发展状况统计报告[EB/OL].(2018-02-01)[2018-09-18]. http://news.enorth.com.cn/system/2018/02/01/034977420.shtml.

图5-8 京东数字内容销售页面

图5-9 当当网数字内容销售页面

2. 社交媒体营销

中国互联网络信息中心(CNNIC)发布的《第41次中国互联网络发展状况统计报告》显示:截至2017年12月,典型社交媒体应用排名分别为微信、QQ空间、微博、知乎网、豆瓣网、天涯社区和领英网。如图5-10所示,微信朋友圈、QQ空间用户使用率分别为87.3%和64.4%,微博为40.9%,知乎、豆瓣、天涯社区、领英的用户使用率分别为14.6%、12.8%、8.8%、3.6%。

微信朋友圈、QQ空间、微博等已经成为人们交友、娱乐、相互交流和沟通的重要场所,也是人们信息交流和传播的重要平台。

人以类聚,物以群分,在社交网络上,网民按社交圈和兴趣圈等实现了精确分类,这无疑为企业实现精准营销和口碑营销提供了成本低廉的营销信息传播通道。社交媒体营销已经成为企业不可或缺的一种营销方式,已经成为企业电子商务重要的流量入口。如图5-11为AA外刊杂志馆微信朋友圈营销页面,图5-12为快书包微博营销页面,图5-13为凤凰出版社豆瓣小组营销页面。

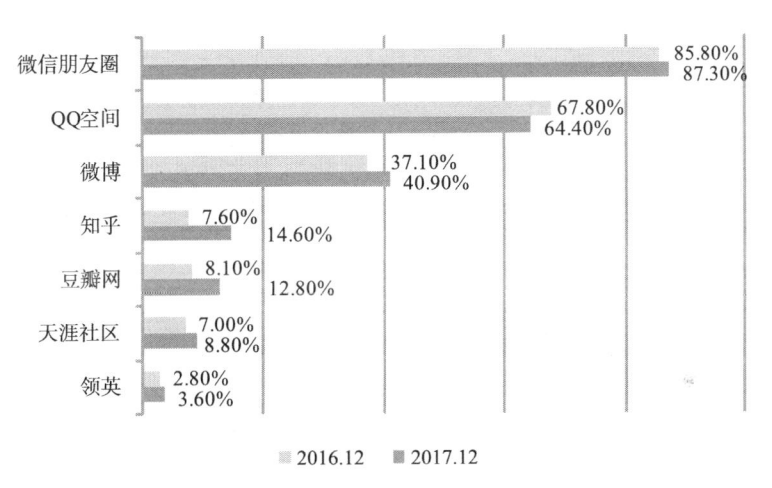

图5-10 典型社交应用使用率[1]

3. 数据库营销

数据库营销也叫精确营销或精准营销,是指企业通过应用CRM和销售等信息系统,记录、搜集和积累消费者的大量购买信息,并储存在数据库中,再利用信息统计分析和挖掘工具,对数据库中的信息进行统计分析和挖掘,以预测消费者的购买行为、购买习惯和购买力等,从而有针对性地向消费者传播相关产品的营销信息,达到精准营销的目的。数据库营销作为市场营销的一种形式,能更好地帮助企业实现"以客户为中心"的理念,提高顾客忠诚度和顾客的终身价值。

---

[1] 中国互联网络信息中心(CNNIC).第41次中国互联网络发展状况统计报告[EB/OL].(2018-02-01)[2018-09-18]. http://news.enorth.com.cn/system/2018/02/01/034977420.shtml.

数据库营销已经成为如当当网、卓越网、京东商城等网上书店一种重要的营销方式，通过数据库营销，定期或不定期以电子邮件的形式向客户传播产品信息。这种方式极大地推动了销售业务的增长。

图5-11　AA外刊杂志馆微信朋友圈营销

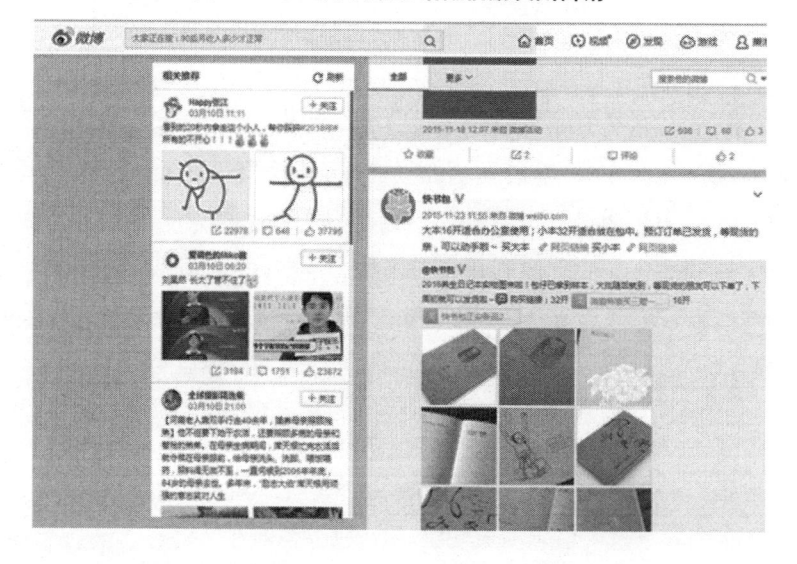

图5-12　快书包微博营销

图5-13　凤凰出版社豆瓣小组营销

4．电子邮件营销

邮件营销是在用户事先许可的前提下，通过电子邮件的方式向目标用户传递有价值信息的一种网络营销手段。邮件营销有三个基本因素：用户许可、电子邮件传递信息、信息对用户有价值。

艾瑞咨询根据eMarketer发布的美国电子邮件营销数据发现：2007年美国电子邮件营销花费为4.1亿美元，占企业全部市场活动费用的27.9%；2011年，美国电子邮件营销花费达6亿美元，占企业全部市场活动费用的37.3%。EMMA发布的《2017年电子邮件营销报告》数据显示，2017年，美国47%的营销人员表示，电子邮件能带来最高的投资回报率，58%的受访者计划在2018年增加电子邮件营销支出。❶

电子邮件营销已成为企业一种重要的营销手段。电子邮件营销低廉的成本和精准的效果，使电子邮件营销的优势凸显。数字出版产品较传统出版物更适合邮件营销，商家可以根据客户订阅的数字出版产品，如电子杂志、数字报纸、数字期刊等直接发送到客户邮箱中，供客户浏览和阅读。

5．搜索引擎营销

搜索引擎营销：英文Search Engine Marketing，我们通常简称为SEM。就是根据用户使用搜索引擎的方式利用用户检索信息的机会尽可能将营销信息传递给目标

---

❶ http://www.199it.com/archives/640358.html，EMMA：2017年电子邮件营销报告。

用户。简单来说,搜索引擎营销就是基于搜索引擎平台的网络营销,利用人们对搜索引擎的依赖和使用习惯,在人们检索信息的时候将信息传递给目标用户。❶

如图5-7所示,搜索引擎营销推广使用率达到48.2%,已成为企业互联网营销推广的主要渠道之一。数字出版产品由于可以直接通过互联网进行浏览、阅读、使用和交易,所以更适合利用搜索引擎进行营销推广。数字出版企业要加强和主流搜索引擎的合作(如图5-14所示),一方面调整产品信息链接网页在搜索结果页上的排名,从而给网站带来更多的访问流量。另一方面,要不断完善搜索引擎营销方案,带给搜索引擎用户最佳的用户体验,以提高网站流量转化率。

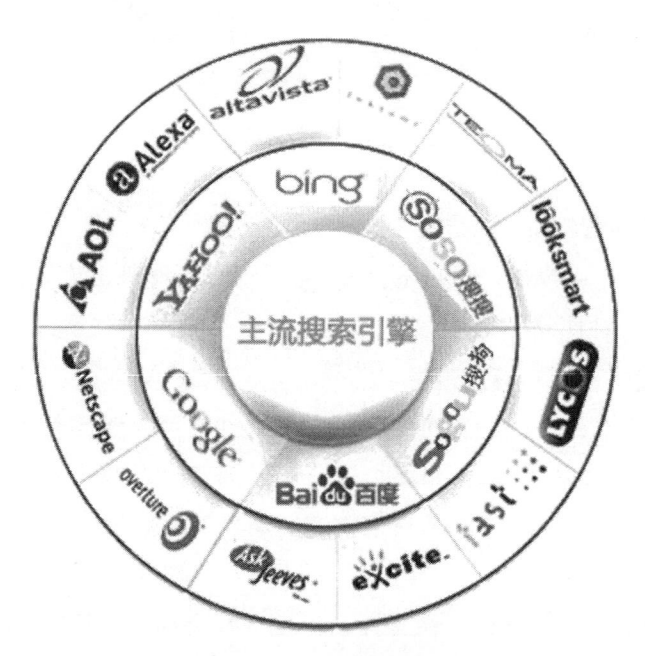

图5-14 主流搜索引擎❷

6. 全媒体整合营销

全媒体整合营销是全媒体出版的营销模式。全媒体出版是指书稿内容在付诸纸质图书出版的同时,通过互联网、手机、手持阅读器等终端数字设备进行同步出版❸。

---

❶ https://baike.baidu.com/item/搜索引擎营销/9387327?fr=aladdin.

❷ http://www.yes960.com/service/88.html.

❸ 郝振省.数字时代的全媒体整合营销[M].北京:中国书籍出版社,2009:8.

中文在线全媒体出版的《非诚勿扰》和《贫民窟的百万富翁》，可以说是全媒体整合营销的典型案例。同一内容多渠道、多媒体形态同时发布的方式，体现了数字时代、网络时代，媒体融合和合作共赢的新趋势。

互联网时代，网络营销已经发展成为企业一种重要的营销手段和方式，许多出版企业的网络营销业务已经大大超出了地面营销。相反，网络营销的成本要大大低于地面营销。数字出版企业要根据自己的实际情况，积极运用电子商务平台、网络社区、微博、电子邮件、移动平台等新的营销工具和平台，开展数字出版物的多渠道营销，以不断扩大数字出版业务规模。

5.7 运营数据分析

5.7.1 出版企业数据来源

出版企业数据来源包括企业内部数据和企业外部数据两部分。如图 5-15 所示，企业内部数据是指企业可控制和管理的数据，包括企业自营平台数据、自营天猫和淘宝等网店数据、企业微信公众号和小程序数据、企业微博数据、企业 APP 数据、直销数据、内部业务数据和内容资源数据等，企业外部数据是指企业不可控制的数据，主要包括政府数据、发行机构数据、电商企业数据、互联网合作渠道数据和数据公司数据等。

5.7.2 数据分类

出版企业的数据可以分为以下五种主要类型：

①政府管理数据。主要包括选题管理数据、CIP 数据、ISBN 数据、市场监管数据和 CNONIX 平台（建设中）数据等。

②企业基础数据。主要包括人员、部门、分支机构、固定资产、工商注册、税务登记、发展历史等数据。

③产品数据。主要包括图书数据、报纸数据、期刊数据、音像制品数据和数字出版产品数据等。

④业务数据。指出版生产各业务环节产生的主要数据,包括选题、出版合同、出版物生产加工、发行、采购、订单处理、发货、配送、储运、退货、结算、版权交易、音视频点击和播放等数据。

⑤用户数据。包括用户属性数据、用户行为数据和用户关系数据等。用户属性数据包括用户ID、姓名、性别、年龄、职业、学历等数据,用户行为数据包括用户浏览、点击、行为路径、阅读、评论、转发、分享、下载、点赞、收藏、阅读工具、阅读内容、阅读方式、阅读时间段、阅读时长、阅读偏好、阅读地点、支付方式、购买能力等数据,用户关系数据包括邮箱、QQ、微信、微博、联系电话等数据。

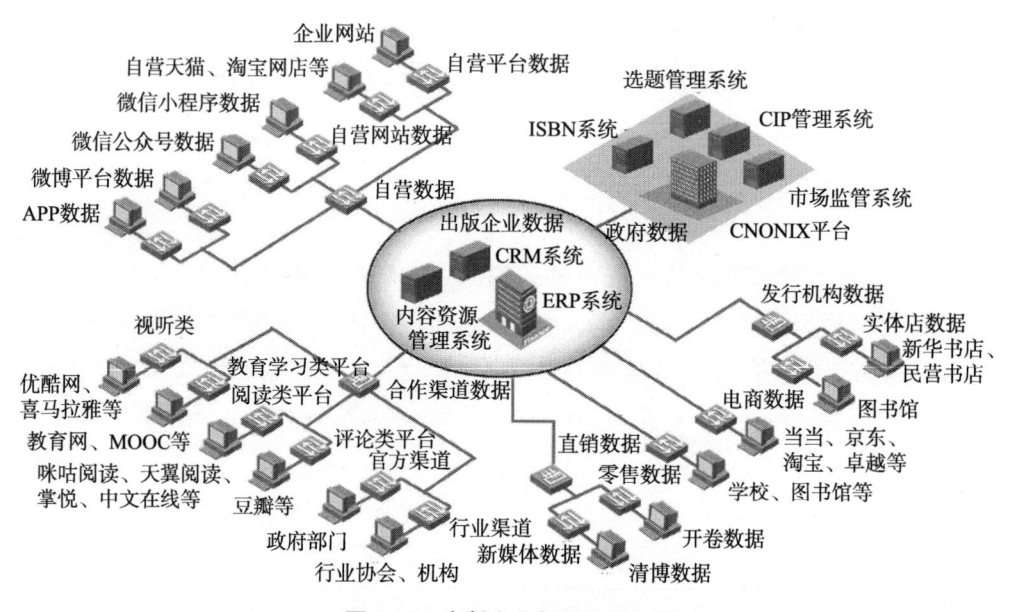

图5-15 出版企业数据主要来源

5.7.3 产品运营数据分析

产品运营数据分析的目的,就是要通过数据分析及时了解产品的销售情况及用户对产品的评价,考察产品在市场的受欢迎程度,从而不断地改进和完善产品,调整和优化产品运营方案与策略等,使产品的发展进入良性循环。

产品运营数据分析主要包括以下几个步骤:

①确定分析目的和分析指标;

②准备数据和数据预处理;

③借用数据分析工具,对数据进行统计分析和描述;
④归纳和总结;
⑤提出产品发展与运营改进建议。

确定分析目的和分析指标是产品运营数据分析的首要任务,也是后续分析过程的导向,分析指标需要根据分析目的进行设定,分析目的不同,分析指标就会不一样。以下列出了数字出版产品运营分析的一些常用指标,仅供参考。

- 产品的年、季、月销售情况分析
- 产品的区域销售情况分析
- 产品销售额同比增长率分析
- 产品访问次数分析
- 产品访问用户数分析
- 产品年访问时段分析
- 产品天访问时段分析
- 产品访问地点分析
- 产品访问时长分析
- 产品用户的地域分布情况
- 产品的年、月、日累计阅读量分析
- 产品下载量及排行榜分析
- 产品销售额及排行榜分析
- 产品访问量及排行榜分析
- 直播产品的场均观看人数与直播间转发情况分析。

图 5-16、图 5-17 为某出版社视频类产品的运营分析情况。从图 5-16 可以看出,在高中类微视频产品中,高中数学是比较受学生欢迎的,在访问次数中的占比达到 29.15%;从图 5-17 可以看出,每当暑假都会迎来一个播放量的高峰,而学生学习紧张时期播放量较低,可见学生更喜欢利用假期来观看视频。

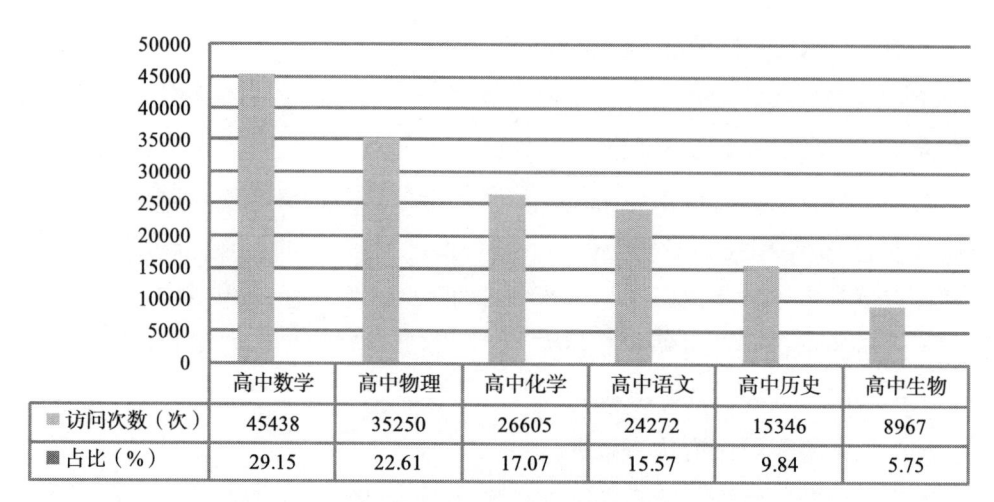

	高中数学	高中物理	高中化学	高中语文	高中历史	高中生物
■ 访问次数（次）	45438	35250	26605	24272	15346	8967
■ 占比（%）	29.15	22.61	17.07	15.57	9.84	5.75

图5-16　2017年某出版社高种类课程微视频点播情况

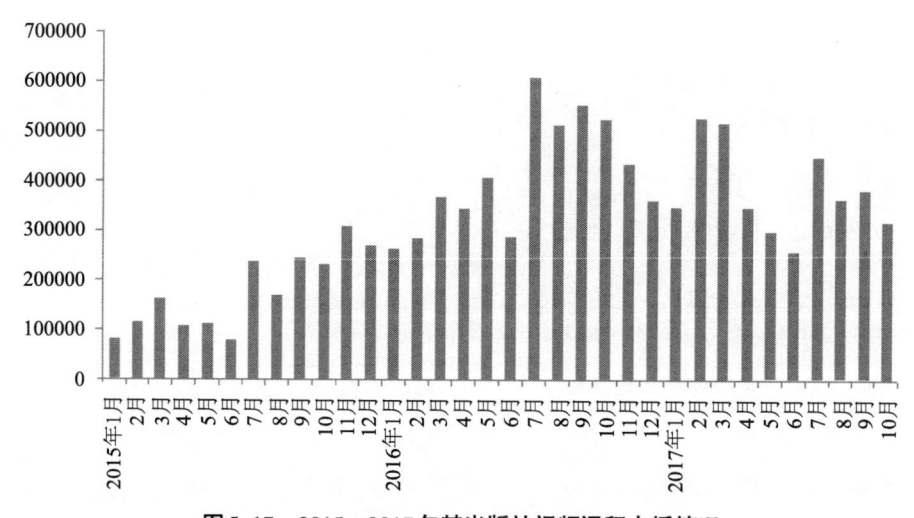

图5-17　2015—2017年某出版社视频课程点播情况

5.8　用户数据分析

5.8.1　用户行为分析

用户行为分析的目的,是通过对用户行为数据进行统计、分析,从中发现用户的阅读规律、阅读习惯、阅读偏好,挖掘用户阅读需求,以提高用户留存率和用户黏性,提高过客到注册用户、注册用户到付费用户、付费用户到会员用户的转化率,逐步建立和完善用户画像,为用户提供更加精准的信息和知识服务。

用户行为分析主要包括以下几个方面:
- 用户的IP、来源地区、来源页面
- 用户在平台的停留时间、跳出率、回访次数、回访相隔天数
- 用户浏览、点击的行为路径
- 用户在平台内搜索、浏览、阅读、转发、分享、下载、收藏的内容
- 用户阅读、点播的时间、时长
- 用户付费内容的价位
- 用户的支付方式
- 用户对产品的评论和建议

5.8.2　用户画像

用户画像是根据用户社会属性、学习和工作习惯、生活习惯、兴趣爱好、消费行为等信息而建立的一个标签化的用户模型,是对用户的系统描述和数据建模。数字出版企业建立用户画像的目的是要在特定业务场景下为用户提供精准的信息和知识服务。数字出版产品的用户画像如图5-18所示。

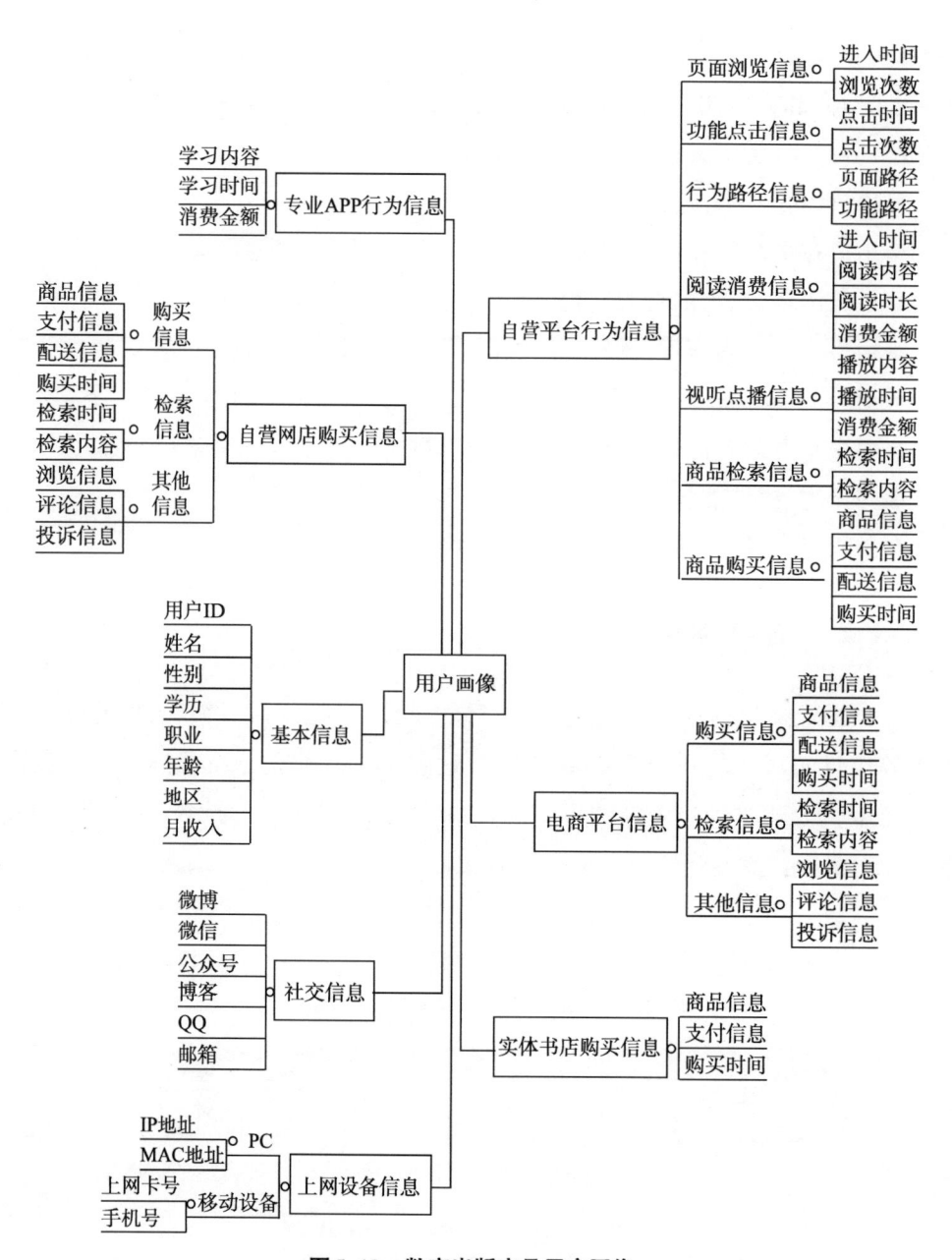

图5-18　数字出版产品用户画像

第6章 传统出版企业数字化转型

6.1 出版企业面临的发展环境

6.1.1 互联网应用从广度向纵深发展

互联网经过近30年的发展和应用,已经给世界经济及人们生活带来了革命性的变革,可以说,互联网已经成为人类生活不可或缺的一部分。基于互联网的应用种类繁多,层出不穷,互联网创造了无数的经济奇迹。全球互联网用户已经突破20亿,我国已有一半以上的人在使用互联网,互联网模式不断创新,互联网在经济社会发展中的重要地位更加凸显,互联网和数字经济已经成为经济发展的新引擎。

2018年1月31日,中国互联网络信息中心(CNNIC)发布的《第41次中国互联网络发展状况统计报告》显示:我国网民人数、互联网普及率、网民人均周上网时长、移动互联网接入流量消费等逐年提高。如图6-1至图6-4所示,截至2017年12月,我国网民规模达7.72亿,手机网民规模达7.53亿,互联网普及率为55.8%。2017年,我国网民的人均周上网时长为27.0小时,相比2016年提高0.6个小时;2017年1~11月,移动互联网接入流量消费累计达212.1亿G,比上年同期累计增长158.2%;互联网基础应用(如即时通信、搜索引擎、网络新闻、社交应用等)、商务交易(如网络购物、网上外卖、旅行预订等)、网络金融(如互联网理财、网上支付等)、网上娱乐(网络音乐、网络文学、网络游戏、网络视频、网络直播等)及公共服务(共享单车、网约车等)等各类应用的用户数及用户使用率等,相比2016年均有所增加(表6-1、表6-2);互联网政务服务发展迅速,截至2017年12月,我国在线政务服务用户规模达到4.85亿,占总体网民的62.9%。其中,通过支付宝或微信城市服务平台获得政务服务的使用率为44.0%,为网民使用最多的在线政务服务方式,较2016年年底增长26.8个百分点,其次为政府微信公众号,使用率为23.1%,政府网站、政府微博及政府手机端应用的使用率分别为18.6%、11.4%及9.0%(图6-5)。

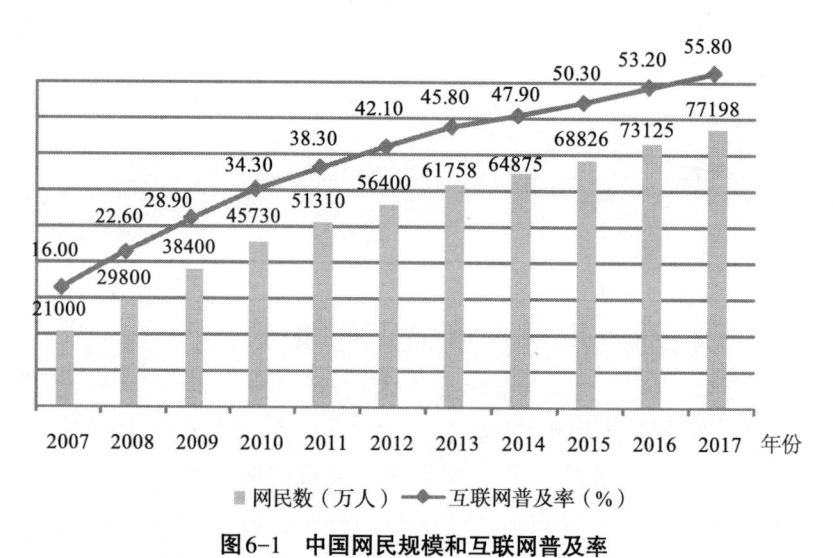

图6-1 中国网民规模和互联网普及率

来源:CNNIC中国互联网发展状况统计调查,2017年12月。

图6-2 中国手机网民规模及其占网民比例

来源:CNNIC中国互联网发展状况统计调查,2017年12月。

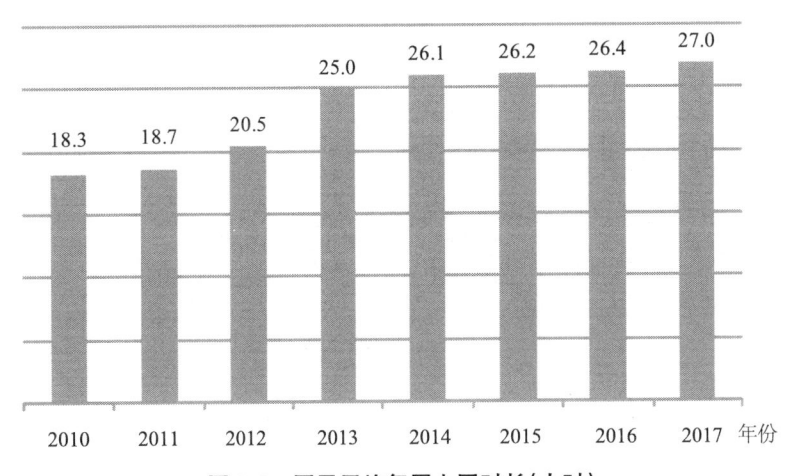

图6-3 网民平均每周上网时长(小时)

年份	2010	2011	2012	2013	2014	2015	2016	2017
小时	18.3	18.7	20.5	25.0	26.1	26.2	26.4	27.0

来源:CNNIC中国互联网发展状况统计调查,2017年12月。

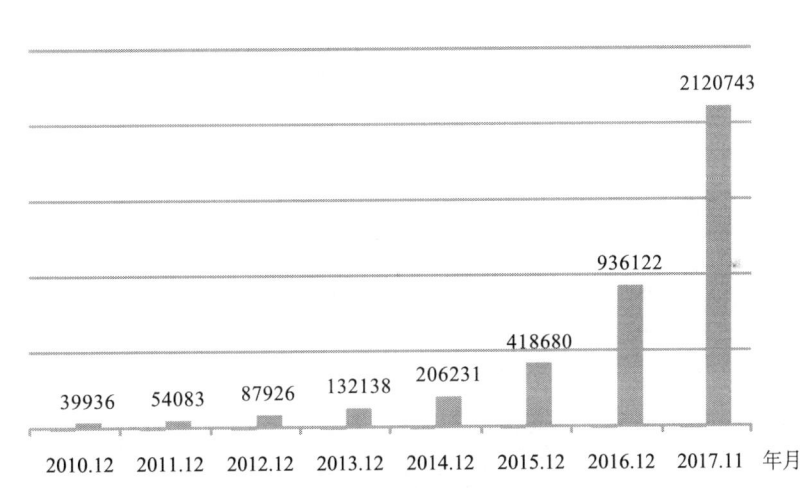

图6-4 移动互联网接入流量(万)

年月	2010.12	2011.12	2012.12	2013.12	2014.12	2015.12	2016.12	2017.11
万	39936	54083	87926	132138	206231	418680	936122	2120743

来源:CNNIC中国互联网发展状况统计调查,2017年12月。

表6-1　2016年12月—2017年12月中国网民各类互联网应用的使用率[1]

应用	2017年12月 用户规模（万人）	2017年12月 网民使用率（%）	2016年12月 用户规模（万人）	2016年12月 网民使用率（%）	年增长率（%）
即时通信	72023	93.3	66628	91.1	8.1
搜索引擎	63956	82.8	60238	82.4	6.2
网络新闻	64689	83.8	61390	84.0	5.4
网络视频	57892	75.0	54455	74.5	6.3
网络音乐	54809	71.0	50313	68.8	8.9
网上支付	53110	68.8	47450	64.9	11.9
网络购物	53332	69.1	46670	63.8	14.3
网络游戏	44161	57.2	41704	57.0	5.9
网上银行	39911	51.7	36552	50.0	9.2
网络文学	37774	48.9	33319	45.6	13.4
旅行预订	37578	48.7	29922	40.9	25.6
电子邮件	28422	36.8	24815	33.9	14.5
互联网理财	12881	16.7	9890	13.5	30.2
网上炒股或炒基金	6730	8.7	6276	8.6	7.25
微博	31601	40.9	27143	37.1	16.4
地图查询	49247	63.8	46166	63.1	6.7
网上订外卖	34338	44.5	20856	28.5	64.6
在线教育	15518	20.1	13764	18.8	12.7
网约出租车	28651	37.1	22463	30.7	27.5
网约专车或快车	23623	30.6	16799	23.0	40.6
网络直播	42209	54.7	34431	47.1	22.6
共享单车	22078	28.6			

[1] 中国互联网络信息中心(CNNIC). 第41次中国互联网络发展状况统计报告[EB/OL]. (2018-02-01)[2018-09-18]. http://news.enorth.com.cn/system/2018/02/01/034977420.shtml.

表6-2　2016年12月—2017年12月中国网民各类手机互联网应用的使用率[1]

应用	2017年12月 用户规模（万人）	2017年12月 网民使用率（%）	2016年12月 用户规模（万人）	2016年12月 网民使用率（%）	年增长率(%)
手机即时通信	69359	92.2	63797	91.8	8.7
手机网络新闻	61959	82.3	57126	82.2	8.5
手机搜索	62398	82.9	57511	82.7	8.5
手机网络音乐	51173	68.0	46791	67.3	9.4
手机网络视频	54857	72.9	49987	71.9	9.7
手机网上支付	52703	70.0	46920	67.5	12.3
手机网络购物	50563	67.2	44093	63.4	14.7
手机网络游戏	40710	54.1	35166	50.6	15.8
手机网上银行	37024	49.2	33357	48.0	11.0
手机网络文学	24352	45.6	30377	43.7	13.1
手机旅行预订	33961	45.1	26179	37.7	29.7
手机邮件	23276	3.9	19713	28.4	18.1
手机在线教育课程	11890	15.8	9798	14.1	21.3
手机微博	28634	38.0	24086	34.6	18.9
手机地图、手机导航	46504	61.8	43123	62.0	7.8
手机网上订外卖	32229	42.8	19387	27.9	66.2

随着"互联网+"行动、"中国制造2025"、促进大数据和新一代人工智能发展等国家重要战略的实施,我国互联网在各领域的应用将向纵深发展,互联网和数字化将进一步推进传统经济向互联网经济升级和转型,传统产业的数字化转型升级步伐也将进一步加快。互联网、大数据、人工智能和实体经济将从初步融合迈向深度融合的新阶段,我国将向网络强国建设目标不断迈进。

---

[1] 中国互联网络信息中心(CNNIC).第41次中国互联网络发展状况统计报告［EB/OL］.(2018-02-01)［2018-09-18］. http://news.enorth.com.cn/system/2018/02/01/034977420.shtml.

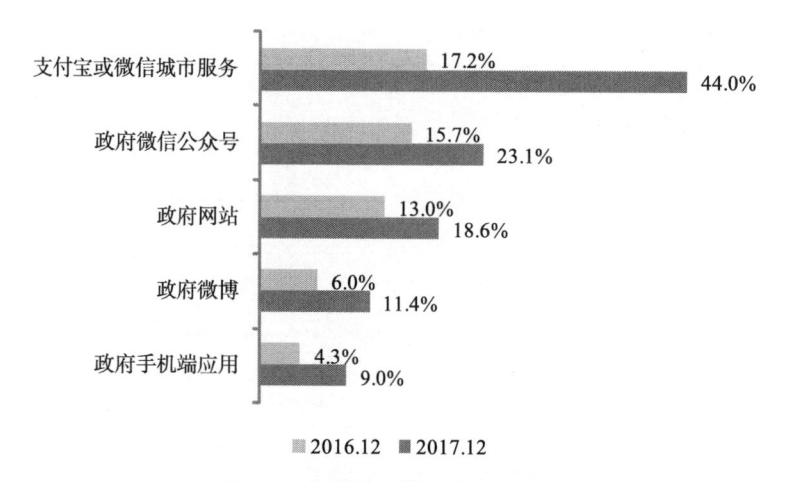

```
支付宝或微信城市服务   17.2%
                      ━━━━━━━━━━━━ 44.0%
政府微信公众号  15.7%
               ━━━━━━ 23.1%
政府网站  13.0%
         ━━━━ 18.6%
政府微博  6.0%
         ━━ 11.4%
政府手机端应用  4.3%
              ━ 9.0%

■ 2016.12  ■ 2017.12
```

图6-5　各类政务服务用户使用率

来源：CNNIC 中国互联网发展状况统计调查，2017 年 12 月。

6.1.2　互联网对传统行业的冲击加剧

从阿里金融、微信支付、滴滴打车、美团外卖到网约车、共享单车、共享充电宝、共享民宿、共享汽车等无不说明，由云计算、物联网、大数据、人工智能等技术应用引发的新一轮互联网应用浪潮正在引领传统行业业务和商业模式的变革，传统行业，特别是零售、批发、广告、新闻、出版、物流、制造、旅游、餐饮、金融、保险、医疗、教育、电视等行业，受互联网的冲击将会进一步加剧。

中国互联网络信息中心（CNNIC）发布的《第 41 次中国互联网络发展状况统计报告》显示，2017 年我国的网络购物、网络新闻、网上外卖、旅游预订、互联网理财、网上支付等互联网业务均呈现了快速增长的趋势。

1. 网络购物

如图 6-6 所示，截至 2017 年 12 月，我国网络购物用户规模达到 5.33 亿，较 2016 年增长 14.3%，占网民总体的 69.1%。手机网络购物用户规模达到 5.06 亿，同比增长 14.7%，使用比例由 63.4% 增至 67.2%。与此同时，网络零售继续保持高速增长，全年交易额达到 71751 亿元，同比增长 32.2%，增速较 2016 年提高 6 个百分点。2017 年，《中华人民共和国电子商务法》（草案二次审议稿）《促进电子商务发展三年行动实施方案（2016—2018）》《网络零售标准化建设工作指引》等行业法规及政策和标准文件的出台，使网络购物环境得到了进一步的改善，有效地促进了电子商务的发展。

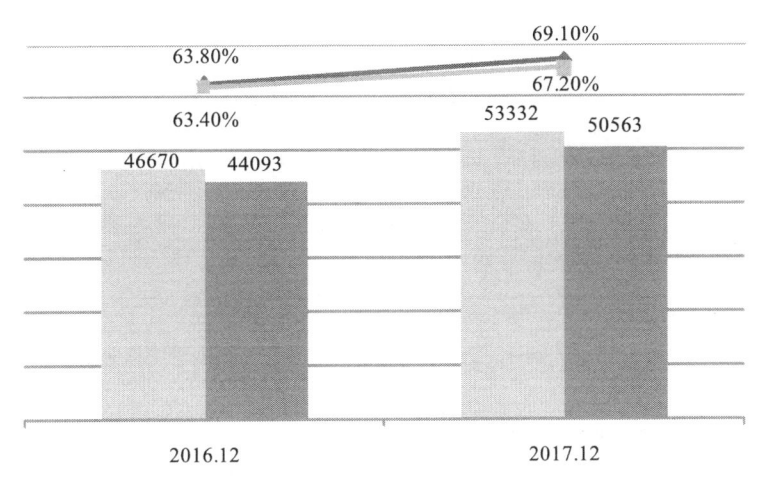

图6-6 2016年12月—2017年12月网络购物/手机网络购物用户规模及使用率

2. 网络新闻

如图6-7所示,截至2017年12月,我国网络新闻用户规模为6.47亿,年增长率为5.4%,网民使用比例为83.8%。其中,手机网络新闻用户规模达到6.20亿,占手机网民的82.3%,年增长率为8.5%。

2017年5月2日,国家互联网信息办公室发布了新的《互联网新闻信息服务管理规定》。互联网新闻领域相关法律法规的进一步完善,将推动行业发展更加规范,为行业健康、有序发展提供了保障。

3. 网上外卖

如图6-8所示,截至2017年12月,我国网上外卖用户规模达到3.43亿,较2016年底增加1.35亿,同比增长64.6%,继续保持高速增长。其中,手机网上外卖用户规模达到3.22亿,增长率为66.2%,使用比例达到42.8%,提升14.9个百分点。

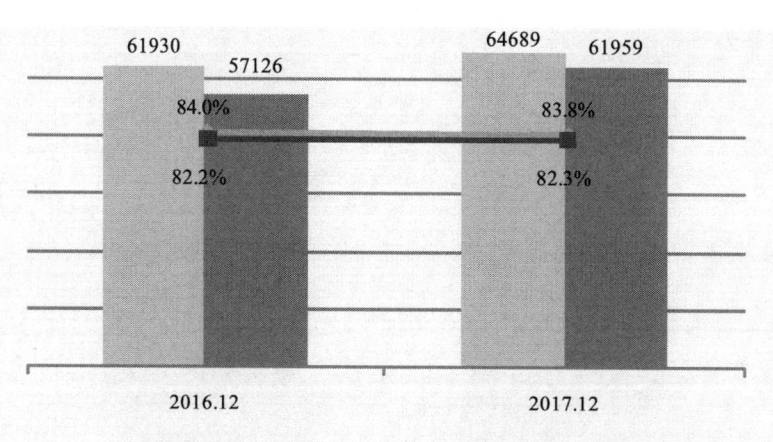

图6-7 2016年12月—2017年12月网络新闻/手机网络新闻用户规模及使用率❶

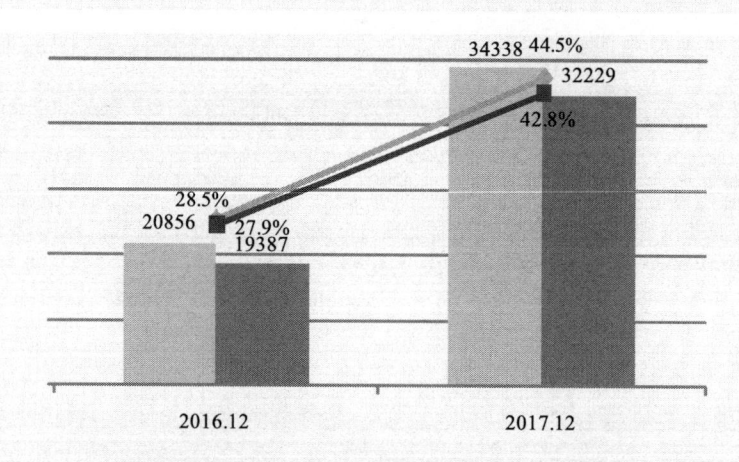

图6-8 2016年12月—2017年12月网上外卖/手机网上外卖用户规模及使用率❷

---

❶ 中国互联网络信息中心(CNNIC).第41次中国互联网络发展状况统计报告[EB/OL].(2018-02-01)[2018-09-18].http://news.enorth.com.cn/system/2018/02/01/034977420.shtml.

❷ 中国互联网络信息中心(CNNIC).第41次中国互联网络发展状况统计报告[EB/OL].(2018-02-01)[2018-09-18].http://news.enorth.com.cn/system/2018/02/01/034977420.shtml.

2017年,国务院办公厅下发了《2017年食品安全重点工作安排》,国务院食品安全办等14部门联合发布了《关于提升餐饮业质量安全水平的意见》,国家食品药品监督管理总局发布了《网络餐饮服务食品安全监督管理办法》。食品安全领域相关法律法规的持续完善,促进了互联网餐饮服务的健康、有序发展。

4. 旅行预订

如图6-9所示,截至2017年12月,在线旅行预订15用户规模达到3.76亿,较2016年底增长7657万人,增长率为25.6%;在线旅行预订使用比例达到48.7%,较上年提升7.8个百分点。网上预订火车票、机票、酒店和旅游度假产品的网民比例分别为39.3%、23.0%、25.1%和11.5%。手机成为在线旅行预订的主要渠道。通过手机进行旅行预订的用户规模达到3.40亿,较2016年年底增长7782万人,增长率为29.7%。我国网民使用手机在线旅行预订的比例由37.7%提升至45.1%。

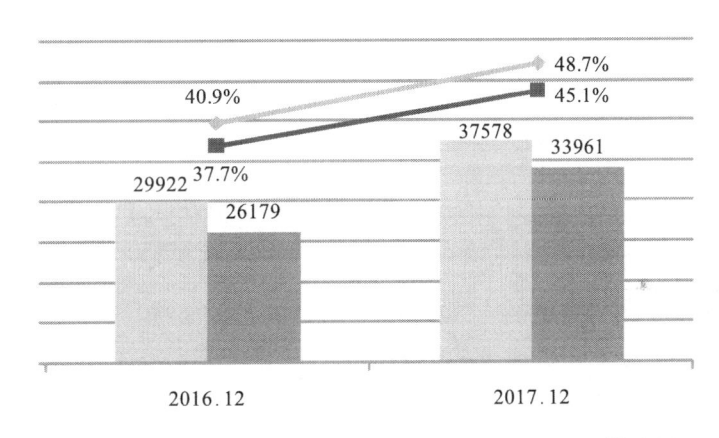

图6-9 2016年12月—2017年12月在线旅行预订/手机在线旅行预订用户规模及使用率❶

5. 互联网理财

如图6-10所示,截至2017年12月,我国购买互联网理财产品的网民规模达到1.29亿,同比增长30.2%,网民使用率为16.7%,较去年同期增长3.2个百分点。

---

❶中国互联网络信息中心(CNNIC).第41次中国互联网络发展状况统计报告[EB/OL].(2018-02-01)[2018-09-18].http://news.enorth.com.cn/system/2018/02/01/034977420.shtml.

图6-10　2016年12月—2017年12月互联网理财用户规模及使用率[1]

6. 网上支付

如图6-11所示,截至2017年12月,我国使用网上支付的用户规模达到5.31亿,较2016年年底增加5661万人,年增长率为11.9%,使用率达68.8%。其中,手机支付用户规模增长迅速,达到5.27亿,较2016年年底增加5783万人,年增长率为12.3%,使用比例达70.0%。

互联网在各领域的快速渗透,将给传统行业带来更大的冲击。2018年伊始,澳大利亚澳洲四大行之一的澳洲国民银行NAB宣布裁员6000人,而其总员工为3万人。据了解,澳洲其他几大银行也将很快宣布裁员,2018年,澳洲预计将裁掉20000名银行职员[2]。据《华夏时报》记者统计,2008年1月,我国银监会已经批复105家银行营业网点终止营业,而2017年1月为67家,同比增长率为56.71%[3]。

随着互联网生态环境的逐步改善,传统行业业务重构和互联网转型已是大势所趋。新闻出版行业是最早受互联网冲击的行业。互联网的媒体属性正在快速延伸,互联网正在快速地取代传统媒体,未来出版业将面临更加严峻的挑战。

---

[1] 中国互联网络信息中心(CNNIC).第41次中国互联网络发展状况统计报告[EB/OL].(2018-02-01)[2018-09-18]. http://news.enorth.com.cn/system/2018/02/01/034977420.shtml.

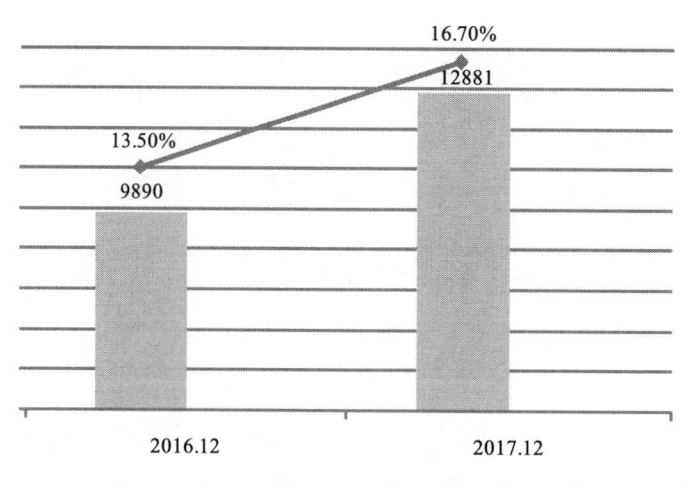

[2] http://mini.eastday.com/a/n180301035647780.html：东方头条网。

[3] http://www.chinatimes.cc/finance：华夏时报网。

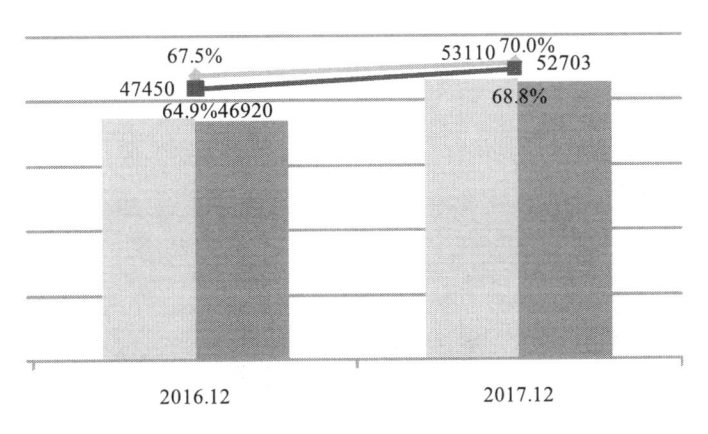

图6-11 2016年12月—2017年12月网上支付用户规模及使用率

6.1.3 出版业的主体构成发生变化

在数字化环境下，传统出版业受到了新媒体出版的巨大冲击。无论是国外还是国内，出版业的出版主体构成发生了很大的变化。

在美国，出版集团虽然仍占据着出版市场的主导地位（兰登书屋、企鹅、哈勃·柯林斯、西蒙·舒斯特、麦克米伦、Grand Central等六大出版集团占住美国出版市场的50%，占畅销图书的65%），但谷歌、亚马逊、苹果已经发展成为三大超级媒体出版商；亚马逊发起的自助出版在迅速崛起，给传统出版商带来了巨大的挑战；一些软件公司也开始介入数字出版。OverDrive是一家软件公司，近几年来，其电子图书分销业务发展很快，他们还和许多图书馆合作，开展电子图书的借阅业务，连续几年，电子图书分销业务以两位数的速度在快速增长。

在我国也有类似的情况，传统出版企业仍是出版业的中坚力量，他们是优质内容的生产基地，但一批新兴的数字出版企业成长很快，如阅文集团、咪咕数字传媒有限公司、北京字节跳动科技有限公司、同方知网（北京）技术有限公司、北京世纪超星信息技术发展有限责任公司、中文在线数字出版集团股份有限公司、掌阅科技股份有限公司、阿里巴巴文化娱乐集团、北京百度网讯科技有限公司、北京爱奇艺科技有限公司等，他们是新兴的数字出版产业的主要推动者。如阅文集团占据了中国网络文学市场的半壁江山，已成为国内最大的网络文学内容出版商。

此外，一些电子商务网站，如当当网、卓越网、京东商城也开始进入电子图书分销领域。

新媒体出版商、电子商务网站等成为新的出版主体，这使得出版业的竞争更加激烈，但也为出版业的发展带来了新的活力和良好的发展机遇，为我国出版市场的繁荣和发展提供了巨大的推动力。

6.1.4 数字阅读产业进入高速发展期

2006年，中共中央宣传部、中央精神文明建设指导委员会办公室、原新闻出版总署、文化部等十多个部门共同倡导开展"全民阅读"活动。党的十八大以来，以习近平同志为核心的党中央高度重视全民阅读。2012年11月，党的十八大报告提出"开展全民阅读活动"，2014—2016年，"倡导全民阅读"连续3年写入政府工作报告。2016年3月，十二届全国人大四次会议通过的《中华人民共和国国民经济和社会发展第十三个五年规划纲要》要求"推动全民阅读"，并将全民阅读工程列为"十三五"时期文化重大工程之一，将全民阅读提升到国家战略高度。2016年12月，国家新闻出版广电总局发布的《全民阅读"十三五"时期发展规划》明确提出了全民阅读活动的主要目标和重点工作任务。2017年，政府工作报告提出"大力推动全民阅读"，更是将以往的"倡导全民阅读"升级为"大力推动全民阅读"，对全民阅读工作提出了更高要求。为促进全民阅读，保障公民的基本阅读权利，2017年6月，国家新闻出版广电总局发布《全民阅读促进条例（草案）》，并于当月开始实施。

"全民阅读"活动自开展以来，在全国各地蓬勃发展，活动规模不断增大，方式不断创新，内容不断丰富，影响日益扩大。"全民阅读"活动对提高公民的思想道德素质和科学文化素质，培育和践行社会主义核心价值观，传承中华优秀文化具有十分重要的意义。

数字阅读是指用户通过PC、笔记本电脑、手机、平板电脑、阅读器、PDA、MP3、MP4、数字电视等终端设备，对通过网络向用户提供的电子书、数字报纸、网络小说、电子杂志、数字地图、网络新闻及音视频等数字内容进行阅读的方式，不涉及动漫、游戏领域。

数字阅读作为全民阅读的重要组成部分，正在引领人类阅读方式的变革。

2017年4月14日,在浙江杭州举行的2017年第三届中国数字阅读大会上发布的《2016年度数字阅读白皮书》显示:2016年,中国数字阅读用户规模已超过3亿,市场规模已经达到了120亿元人民币;移动阅读收入占比达91%,移动阅读已经成为数字阅读的主流方式。

2017年4月18日,中国新闻出版研究院发布的《第十四次全国国民阅读调查报告》显示,2016年我国成年国民各媒介综合阅读率为79.9%,较2015年的79.6%略有提升,数字化阅读(网络在线阅读、手机阅读、电子阅读器阅读、Pad阅读等)方式的接触率为68.2%,较2015年的64.0%上升了4.2个百分点,连续8年保持上升势头;2016年,我国成年国民进行微信阅读的比例为62.4%,较2015年上升了10.5个百分点,人均每天微信阅读时长为26.00分钟,较2015年增加了3.37分钟。阅读微信朋友圈分享的和公众订阅号发布的文章、图片及视频等数字内容已经成为许多微信使用者的重要选择。

大数据、人工智能、AR(增强现实)、VR(虚拟现实)等新技术应用为数字阅读产业提供了持续创新和发展的动力,国家更是从政策层面给产业的发展给予了大力支持。《全民阅读"十三五"时期发展规划》明确提出"提高数字化阅读的质量和水平",并将全民数字化阅读推广工程、国家全民阅读数字化平台建设、网络文学精品出版工程列入数字化阅读建设重点工程。目前,全国已有20个省(区、市)出台了推动数字阅读发展的具体政策。2016年12月,国家新闻出版广电总局批准设立20家出版融合发展重点实验室,未来还将推动国家全民阅读数字化平台建设,建设34家国家公益性推广优质阅读内容数字化传播平台。

在多重利好因素影响下,我国数字阅读产业呈现出良好和快速发展态势,产业生态环境日渐改善,未来市场前景广阔,发展空间巨大。

6.1.5 个性化、实时性信息消费需求快速增长

大数据时代,政府、行业及企业等各个层面将进一步开放其所掌管的各种数据,人们个性化、实时性的信息消费需求将呈快速增长趋势,就像我们随时通过手机就能获取天气预报信息一样,人们希望能够方便、快捷、实时地获取和阅读与其生活、工作和娱乐等相关的信息。出版业如何通过技术应用、产品创新,改变传统的出版和服务模式,运用技术手段,及时甚至是实时地获取读者所关心的数据,定

期甚至是实时地更新出版物的某些内容,如某些基于数据分析的研究成果等,并能快速地推送给读者,从而不断地去满足人们日益增长的个性化和实时性的信息消费与阅读需求,将是出版业必须面对的课题,也是大数据时代出版业面临的重要挑战。

6.2 出版企业数字化转型的紧迫性

从历年《新闻出版产业分析报告》统计数据可以看出,2012—2016年新闻出版产业的收入规模如图6-12所示,数字出版的收入规模如图6-13所示。

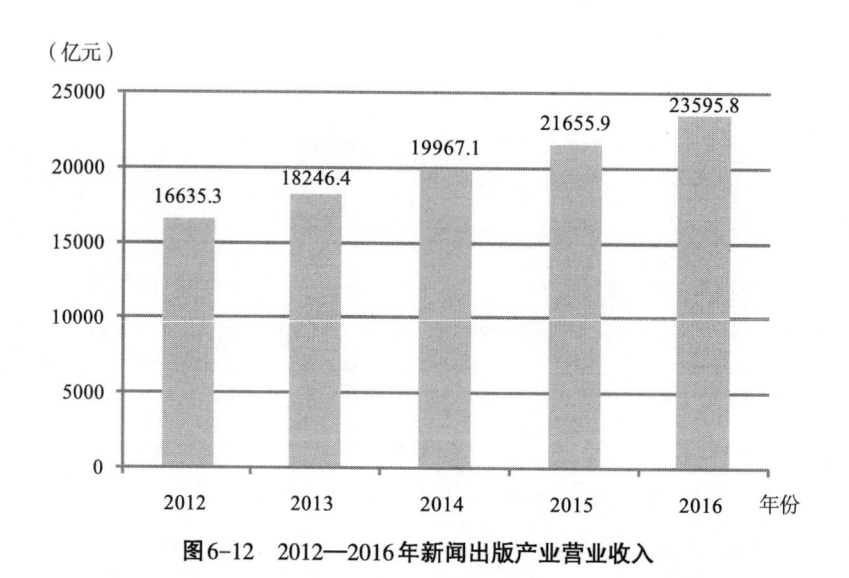

图6-12 2012—2016年新闻出版产业营业收入

2016年新闻出版产业的整体收入为23595.8亿元,其中数字出版的收入为5720.35亿元。从产业类别来看,如表6-3所示,2016年数字出版的增长速度为29.91%,图书出版为1.19%,报纸、期刊出版继续下滑,传统出版业增长速度放缓,未来增长空间有限,而数字出版增长非常迅速。

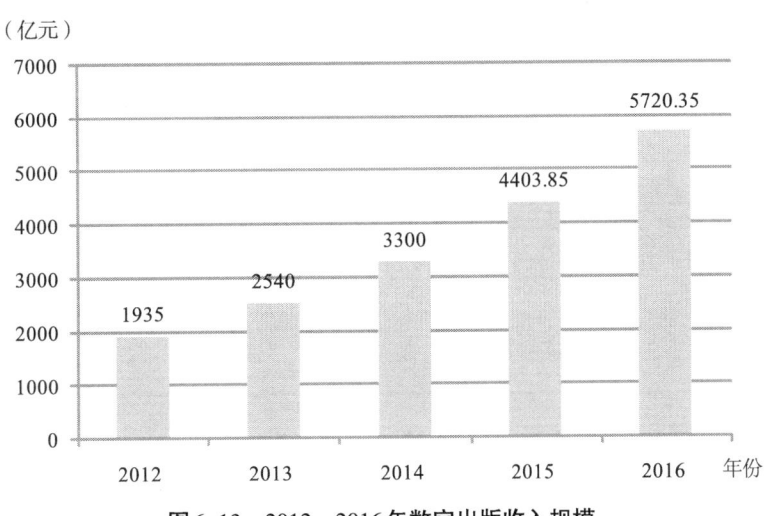

图6-13 2012—2016年数字出版收入规模

图6-14为2012—2016年数字出版收入在新闻出版产业收入中的占比,2016年,数字出版收入为5720.35亿元,占新闻出版产业总收入的24.24%,数字出版在全行业收入中的占比逐年增大。

表6-3 2016年新闻出版产业营业收入的构成

产业类别	金额(亿元)	增长速度(%)	比重(%)	比重变动(%)
图书出版	832.31	1.19	3.53	-0.27
期刊出版	193.70	-3.63	0.82	-0.11
报纸出版	578.50	-7.61	2.45	-0.44
音像制品出版	27.51	4.80	0.12	0.00
电子出版物出版	13.20	6.37	0.06	0.00
数字出版	5720.85	29.91	24.24	3.90
印刷复制	12711.59	3.81	53.87	-2.66
出版物发行	3426.61	5.96	14.52	-0.41
出版物进出口	91.52	8.69	0.39	0.00

数据来源:《2016年新闻出版产业分析报告》。

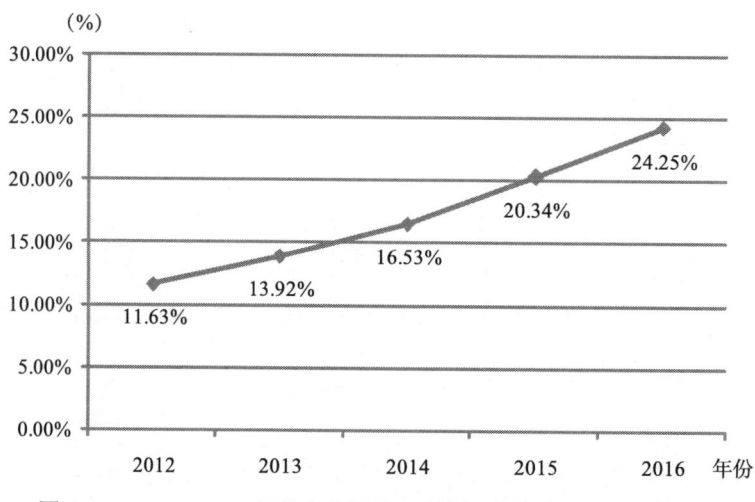

图6-14　2012—2016年数字出版收入在新闻出版产业收入中的占比

图6-15为2013年—2016年传统出版业数字出版的收入情况,图6-16为传统出版单位数字出版收入的增长情况,图6-17为传统出版单位数字出版收入在数字出版总收入中的占比情况。从图6-16、图6-17可以看出,传统出版单位数字出版增长放缓,传统出版单位数字出版收入在数字出版总收入中的占比逐年降低,可见传统出版业在数字出版产业的发展过程中受互联网新媒体企业的冲击越来越大。(图表中的数据来源:《2016年新闻出版产业分析报告》)

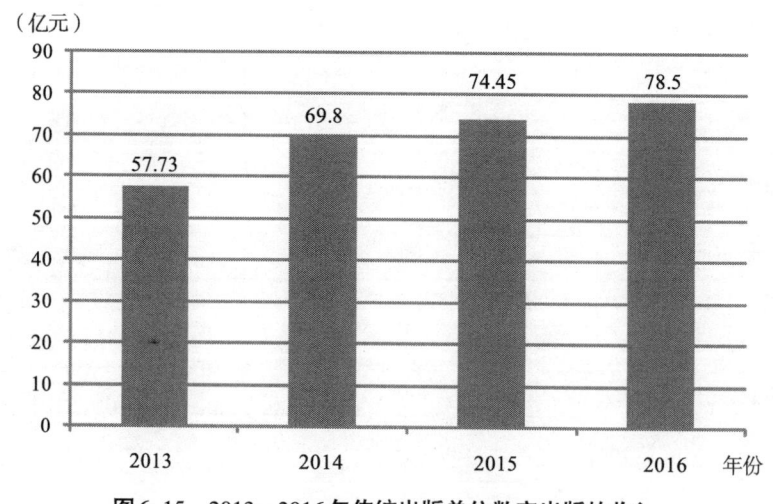

图6-15　2013—2016年传统出版单位数字出版的收入

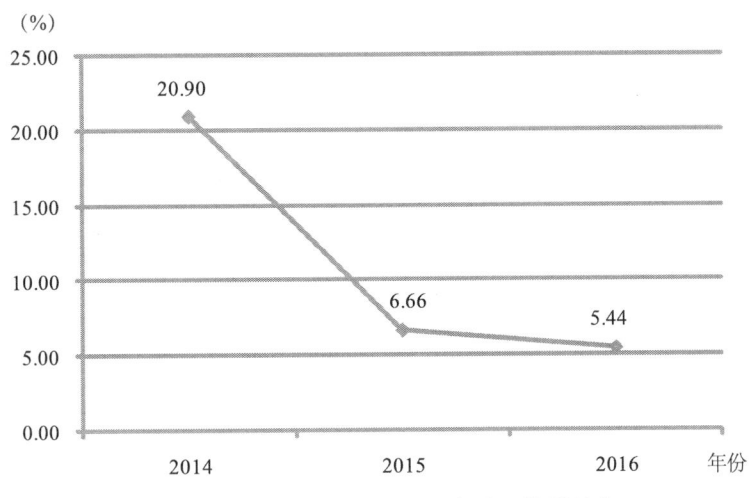

图6-16 传统出版单位数字出版收入的增长率

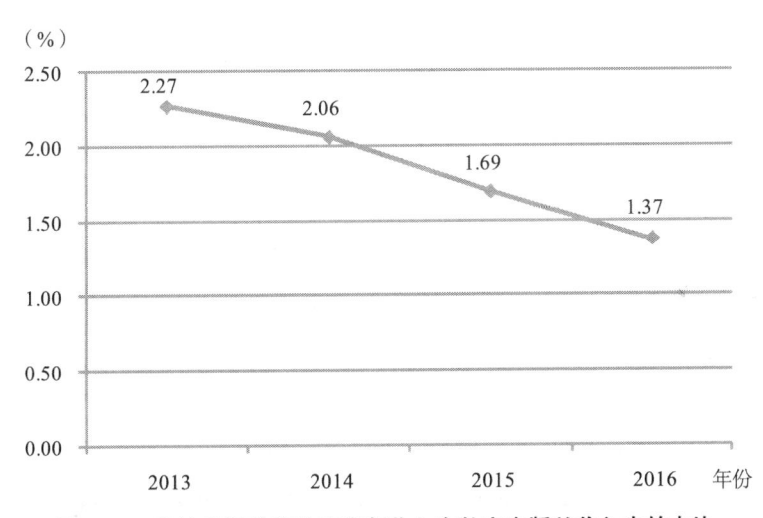

图6-17 传统出版单位数字出版收入在数字出版总收入中的占比

另外据有关统计数据显示,我国新华书店系统、出版社自办发行单位年末总库存,2000年只有36.47亿册(张、份、盒),2016年达到65.75亿册;2016年库存总金额则达到创纪录的1143亿元,远远超过当年纯销售额852.49亿元。在出版繁荣的背后,出版行业高库存导致的整体高风险正在快速积聚。

目前出版业整体观念落后、互联网思维缺失、数字出版商业模式不清、互联网产品经理人才匮乏、资金投入严重不足等问题已经成为出版业走向互联网的重要障碍。如何增加数字出版发展驱动力，加快实现数字化转型升级步伐是出版业迫切需要解决的问题。

6.3 出版企业如何实现数字化转型

6.3.1 加快出版流程再造

流程再造是由美国的 Michael Hammer 和 Jame Champy 提出的一种管理思想，其目的就是要打破企业按职能设置部门的管理方式，代之以业务流程为中心，重新梳理和设计企业管理过程，追求全局最优，而不是局部最优，从而达到提升工作效率的目的。

20世纪90年代是我国企业信息化建设的高潮期，也是企业流程再造的鼎盛期。相比制造业等行业，我国出版业的信息化建设要滞后10年左右的时间，信息化水平要远远低于其他行业，大约在2006年左右，出版行业才有企业着手进行流程再造。

传统出版业务流程是以编、印、发为主要环节的线性出版流程，介质单一，出版产品是纸质的书、报、刊等产品。数字出版作为一种新的出版形态，介质多样，其出版流程和产品均依赖于数字技术，原有出版流程已不能适用数字出版的需要，必须摒弃传统出版思维模式，通过出版流程再造，重新设计出版流程，实现资源的有效计划、调度和控制，满足数字出版协同编辑、编印发联动、内容资源融合、一次制作多次发布、一次采集多种生成、一个产品多种形态、一次投入多次产出等多种需要。

相比报业和广电传媒，图书和期刊出版企业（集团）在流程再造方面还有很长的路要走。近几年来，传统出版企业（集团）投入了大量的人、财、物等资源进行数字化转型升级，企业信息化水平有了明显的提高，但很多书刊企业（集团）并没有触及流程再造这块硬骨头，许多企业（集团）内部管理体制机制依然陈旧，流程烦琐，沟通不畅，效率低下，缺乏创新活力，企业（集团）内部各部门或各出版社之间依然板块分割、信息不共享、组织机构和人员配置不优化、岗位设置不规范、管理服务不融合、业务不融合、产品不融合、资源不融合、技术标准不统一、绩效考核与激励机制不创新,内部生产、管理与运营的集约化、一体化、协同化、融合化生态环境没有形成。

2017年12月15日,由图书出版集团、期刊集团、专业出版社、大学出版社、教育出版社和民营书业公司共计28家单位组成的复合出版生产流程创新联盟在大连成立,标志着传统书刊企业(集团)出版流程再造走向深入。

流程再造是一项复杂的系统工程,是"一把手工程",需要出版企业(集团)一把手全力支持、领导班子积极推进和全员参与配合,要组建核心团队,由浅入深、从易到难、从简到繁稳步推进,不能急于求成,一蹴而就。

流程再造是一个持续不断的过程和永恒的话题,云计算、人工智能、大数据、物联网等新技术发展迅速,语音录入、机器校稿、机器写作等基于新技术的应用正在新闻出版行业内推广和应用,出版企业所面对的无论是用户、竞争还是环境无时无刻不在发生变化,为适应这些变化,出版企业必须通过流程再造进行组织机构改革和流程优化创新,改善内部产业链生态环境,整合内部资源,实现融合发展。

6.3.2 制定数字出版发展战略规划

互联网环境下,传统出版企业正在消失。发展互联网新经济,实现数字化和互联网经济转型,是传统出版企业的必然选择。适者生存,不适者淘汰,未来的出版企业一定是互联网企业,是内容运营和平台化企业。

数字出版是出版业的发展趋势和战略重点,基于互联网思维,做好数字出版战略规划对出版企业数字化转型具有十分重要的意义。

出版企业数字出版战略规划主要包括以下几方面的内容。

1. 发展总目标

主要确定数字出版业务方向,如数字阅读服务、数字学术服务、数字教育服务、数字科普服务、数字地图服务、数字音乐服务、专业领域信息和知识服务、动漫、游戏等;确定数字出版业务短期、中期、长期的营业收入、利润、市场占有率及融资等指标。

2. 具体目标

主要包括信息化建设目标、各业务方向的产品线发展目标、平台建设目标、资源建设目标等。

①信息化建设目标。确定信息化建设的整体架构,如ERP系统、内容资源管理系统、协同编辑系统、电子商务系统、数据仓库系统等信息系统的实施,以增强数字意识,提高管理水平,提升资源的复用率,实现资源的有效计划、协调、调度和控制,为数字化转型和数字产品的开发打下良好的基础。

②产品发展目标。在市场调研、客户需求分析、竞品分析、机会与风险分析及市场和技术发展态势的基础上,根据企业自身的情况和业务发展方向,制定各业务方向的产品线,包括产品品种、产品形态、产品开发周期等。如电子书产品、数据库产品、在线教育产品、在线学习产品、听书产品、音视频播放产品、动漫产品、科普产品、专业APP产品、微信公众号、AR产品、VR产品、MPR产品等。

③资源建设目标。资源的种类主要包括图书、期刊、电子音像、文本、图片、视频(长视频、短视频、微视频)、音频、课件、题库资源等。资源建设目标主要是确定资源建设覆盖领域、范围、规模及来源(政府部门、行业、互联网、合作伙伴、版权交易、国外);确定资源的分类、组织、加工、存储和管理方法;分析存量资源的量级、可利用度(版权问题、资源时效性、数字化加工可行性);分析新建资源的可行性。

④平台建设目标。出版企业数字出版平台的种类,主要有大众阅读平台、在线教育平台、在线学习平台、在线培训平台、音乐平台、视频分享平台、版权保护与交易平台、专业领域知识服务平台、电子商务平台、内容资源管理平台等。平台建设目标主要是确定平台建设的种类,确定各类平台要实现的功能、技术方案、上线时间等。

⑤运营目标。制定各渠道产品在各运营阶段每月、每季度、每年的销售额、流量、客单价、转化率及广告收入等指标。

⑥人才队伍建设目标。数字出版人才,主要包括策划编辑、内容总监、内容审读编辑、责任编辑、加工编辑、运营总监、运营编辑、产品经理、技术总监、技术研发人员、UI设计师、项目编辑、IP运营人才等。人才队伍建设目标主要是确定人才队伍规模、各类人才的层次结构、数量结构、学历结构和年龄结构等,并制定相应的人才培养和引进计划。

3. 重点任务

重点任务是指为实现总目标和各具体目标所必须完成的一些主要工作,如体制机制建设、流程再造、渠道建设、考评体系建设等。

6.3.3 积极探索数字出版商业模式

数字出版产业具有以下三个要点：①以数字化为显著特征，整个出版产业在信息技术渗透下生产、交流方式已经改变；②以数字信息为核心，成为数字内容产业的重要组成部分；③以市场为纽带，有明确的经济性和广泛的传播性。在数字出版产业链上，无论是传统出版企业，还是新兴的网络媒体，都在积极探索适合自己和社会发展的数字出版商业模式，以达到自己利益最大化的目的。在数字环境下，受众的时间成了碎片，传播的通道也成了碎片，出版业的核心竞争优势成为对海量内容的一种判断、选择和生产定价能力，数字出版产品更倾向于数字产品、互联网应用。出版社要解决的问题，是如何将传统的纸媒出版内容解构，使之符合互联网的超链、关联、搜索、互动等特性；如何与读者产生新的联系；如何快速赚钱等。出版社需要努力塑造自身的市场品牌，吸引具有特定阅读偏好的读者，提升应用服务水平，使用户产生黏性；还要努力开拓数字阅读产品的销售渠道，掌握数字出版产品的定价权。

目前，数字出版产业处在起步阶段，但还是能看到依据传统优势追寻不同的数字出版商业模式[1]。定位为中国数字出版行业应用服务平台的大佳网，服务对象面向创作者、出版商、技术提供商、渠道商、机构用户、个人用户、行业主管部门以及产业链合作者等方方面面，并且平台建设成为许多数字传媒公司的选择；专业出版领域里，出版者对内容资源有很强的整合能力，针对特定的用户群体形成良好的投入产出回报，因此，以专业出版内容资源库赢利成为大多数专业出版社的转型方向[2]；教育出版单位占有最大的教育资源，占据着数字化转型的有利地位，建立数字教育研发体系，形成高质量数字教育资源的供应能力，以保持传统出版在教育市场的专业优势地位，注重教育资源数字化成为教育出版领域数字出版赢利的关键[3]。

正在构建的数字出版产业链上，终端制造厂商更关心硬件销售，倾向于把内

---

[1] 任晓宁.传统出版数字化转型怎发力—搭平台建数据库挖价值[N].中国文化报，2011-08-03.

[2] 中国包装网.中国出版业正快步进入专业出版时代[EB/OL].(2011-09-26)[2018-09-18]. http://news.pack.cn.

[3] 孙春亮.传统出版改革与数字出版转型——以教育出版、专业出版为例[J].出版参考，2011(12)：17-18.

容产品作为附加赠品打包给消费者;现有的网上大众阅读产品多是廉价的"快餐"读物,甚至是盗版内容,真正的付费阅读模式没有成熟,即使出版社想授权也得不到必要的版权保护和合理的经济回报,这也是目前大多数出版社观望的原因之一。出版社正在寻找适合自己的数字出版商业模式,只有当出版社在传播文化价值过程中,取得快速响应读者个性化需求的知识服务能力和数字出版物的定价权,数字出版的商业模式才能成立。

6.3.4 充分发挥自身资源优势

传统出版企业拥有稳定的专业团队和完善的质量管理体系,能很好地保证产品质量。同时积累了大量的资源,包括作者资源、行业资源、教育资源、专家资源和优质内容资源等,这是新媒体企业所不具备的,而新媒体企业则在资金、技术、数字出版人才队伍等方面具有较大优势。因此,传统出版企业发展数字出版必须依托自身资源优势,要根植于传统出版,结合传统出版,而不要盲目发展全新的数字出版业务。例如凤凰传媒集团依托自身教育出版主业和传统优势,与江苏省教育厅签订了智慧教育战略合作协议,共建教育数字资源、教育应用服务体系、共同推进智慧教育大数据服务和教育装备服务。

6.3.5 加强资本运作

互联网新媒体企业的快速发展无疑得益于资本市场,而出版业数字出版发展的短板就是缺乏资金支持。数字出版产品,如知识服务类产品、专业数据库产品、动漫游戏产品、VR/AR产品、慕课等产品的研发及内容运营平台的建设等需要投入大量资金。一方面,数字出版需要大量资金投入;另一方面,在短期内又见不到收益。所以,大多数出版企业都不愿意在数字出版业方面进行过多的投入,这也是出版业数字出版发展的难点和疼点所在。目前出版业主要还是依靠国家文化产业发展基金、出版基金等国家财政资金的支持,以项目驱动的方式发展数字出版业务,出版企业自身投入的资金较少,致使出版企业数字出版发展动力不足,业务规模小,数字出版的发展水平要远远落后于互联网新媒体企业。

加强资本运作一方面,需通过众筹、获取文化产业投资基金支持和上市融资等多元化的融资方式,积极引导社会资金进入出版业,以拓展融资渠道,增加数字出版发展的驱动力。另一方面,需运用资本手段,通过并购引入互联网企业的灵活机制和创新活力,填补自身薄弱环节和空白领域,推动数字出版产业化和跨越式发展。如凤凰出版集团所并购的凤凰学易(学科网)和凤凰创壹两家公司,都已成长为国内非常有影响力的数字教育企业,大大增强了集团数字出版实力。

6.3.6 加快数字出版人才培养

目前,我国数字出版人才培养现状,被业界评价为"懂数字的不懂出版,懂出版的不懂数字",数字出版从业人员也存在着理论能力和实践能力脱节的情况。数字出版需要多方专业人员的共同协作,要求编辑人员必须是具备多方面知识和技能的复合型人才。加强复合型出版人才培养,是数字出版发展的当务之急。

《新闻出版业数字出版"十三五"时期发展规划》具体目标提出,数字出版总营收保持年均17%的增长速度,国民数字阅读率达到70%,数字化产品和服务在公共文化服务内容采购中的比例达到40%,产品海外市场收入超过110亿美元,传统内容资源数字化转换率达到80%。

上述目标的实现,关键是数字出版人才的培养,特别是复合型人才目前最为急需。这表现在既要精通出版流程,又要熟悉数字出版产品的策划与设计,还要熟识数字出版产品的运营。作为复合型人才,数字出版人才更突出能力建设,不仅要有掌握传统编辑出版流程,即选题策划、编辑校对、市场营销能力;还必须具备产品规划与设计能力;还要有计算机与网络应用能力,如数字编辑、内容可视化表达、信息检索与快速加工能力;更高层次还需要有创新的思维模式与敏锐把握市场动向的能力,对海量数据的深度挖掘、提升数据价值的能力,内容跨媒体、跨界传播的能力,IP开发与运营能力,资本运作能力和国际化经营能力等。

人才是出版企业实现数字化转型的关键,出版企业要积极推动改革引进人才、使用人才、培养人才和留住人才的制度,创新人才考核激励机制,吸引并留住优秀高端人才,逐步建设一支高水平的数字出版人才队伍。

6.3.7 实现内容资源的结构化处理

将出版涉及的各种资源进行结构化处理,集成整合形成资源系统平台,通过版权管理和分销传播渠道提供给受众,是数字出版的主要生产方式。互联网具有链接、关联、互动与搜索功能,构成了区别于纸书出版的崭新内容生产与消费方式。网络环境下,企业的经营模式有跨界的共性经验可借鉴。内容结构化标引、数据库管理、技术标准、多媒体处理,以及数字化生产、管理、发布、商务等所有产业环节,在平台上进行结构化、信息化处理,以便适应网络的电子化传播功能,这是出版内容资源平台建设的关键与核心。数字出版产业最核心的信息内容处理技术从以关键词为代表的"字符"技术,向语义分析技术和智能搜索技术转换。现阶段,成熟的、基础的信息内容处理技术是基于 XML 置标语言的深度标引管理技术,它是实现内容的跨媒介发布利用以及提高搜索效率的基础性技术。

6.3.8 建设内容资源管理平台

对出版企业来说,数字化转型要从关注内容向关注如何利用技术实现内容的有效生产传播转变。不论是公益性还是经营性出版企业,内容资源管理平台建设是一个信息化建设工程,都要适应网络时代特征,面向网络融合的信息消费市场,提高快速响应的创新运作能力,不断将内容有效转化为品牌力,对经营性内容生产企业来说,还要适应如何将内容有效转化为盈利能力。

建设内容资源管理平台有两种途径,第一种,对有实力、有雄厚资源的出版企业或者出版集团,实行"以我主导"与 IT 技术厂商合作,借鉴其他行业成熟的资源平台发展经验,建设有专业特色的资源平台;第二种,对有核心价值但规模不大的出版企业,依赖于"十一五"时期国家重大出版工程建设的示范性应用,也可以在面向公共服务的第三方支撑平台上构建自己的内容资源库。"国家数字复合出版系统工程"面向出版行业,研发高效、可集成的全流程技术和多种实用系统。工程指南分为 10 大项 45 个子项,以及 30 个标准的制定。其中,对出版企业来说,开展数字出版涉及的工程技术主要有 14 大类,如图 6-18 所示。

数字复合出版系统工程已进入试点应用阶段,另外,也有一些采用国际先进技术架构的系统,如 PTC、ORAECL 公司的基于文档管理的解决方案,能够快速帮助出版企业建设内容资源管理平台。简言之,内容资源管理平台建设首先要满足出版企业提高对市场用户需求的快速响应能力的需要,其次要通过市场考验,加强和巩固自己的文化传播影响力、市场竞争力。

1. 共性技术	2-3. 采集编审技术	4-5. 制作加工技术	支持标准
版面理解	支持协同采集编审	交互式内容创作系统	业务应用标准多渠道发布技术
智能检校系统	出版社复合编纂系统	跨媒体链接	8. 数字出版支撑技术多渠道发布技术
编辑工具集	高段采编策划系统	批量文献知识体系构建	9-11. 面向新业态服务技术
文本挖掘		历史资源管理整理数字化系统	12. 音像数字化出版
网络素材定向采集技术			13. 数字资源服务支持系统
6. 资源管理技术	7. 多渠道发布技术	14. 数字内容生成与动态重组系统多渠道发布技术	
资源库管理系统	特色资源库发布系统	出版内容管理与动态重组系统	
内容跨媒体检索	网站发布	结构化加工系统	
选题优化系统	多形态广告发布	智能化排版引擎	
复合文档数据转换	高校按需印刷数据处理控制		

图6-18 "国家数字复合出版系统工程"的主要研发技术系统

6.3.9 学习可行的数字化建设方案

1. 出版社对数字化建设的需求

出版社做数字出版的优势在内容生产力和产品定价推广力上。为了适应信息化数字化发展的形势，出版社对数字化项目建设的需求主要包括四大类。

第一，功能需求。出版业务在快速发展、工作流程不断变化带来了业务需求的不确定性，这种不确定性成为目前信息化需求的主要特征之一。应对这种挑战，建设的系统应采用先进的技术、主流的体系架构，为数字出版业务开展与发展提供基础设施支撑。

第二，性能需求。建设的系统要先进成熟并有一定的前瞻性，平台技术构架要应对业务的变化体现灵活性,实现服务的随需应变。要能够满足未来五至十年业务发展的需要,不能每年投入造成成本浪费。

第三,技术需求。建设的系统能够将一些需要实现的业务功能落实到底层通用代码的技术环节上,实现技术平台的高效建设。

第四,其他需求。其中,最主要的有两点:一是人力资源培养的需求,人才是企业发展最主要的关键要素,通过项目建设培养出版社数字出版人才,以及不断招聘内容资源平台建设的急需人才是企业发展的内动力;二是平台应用的内部推广,因为数字出版内容资源平台建设,以及开展数字出版营销涉及改变出版业务的整个生产运营模式,需要出版社主要领导者决策魄力和全体员工的参与。

2. 出版社对数字化建设的选择

出版社进行数字化建设的内容资源有两种,包括历史文献资源(即存量资源)和新建数字形式资源(即增量资源)。对存量资源的数字化建设分为两个阶段。首先,将存量资源重新加工,使之能够以电子书1.0的形式跨渠道发布,取得收益。对应的数字化建设可以称为内容资源的非结构化加工。即将纸质整篇文档进行扫描识别,转换成通用的标准文件格式进行电子化阅读(电子化阶段)。其次,由于电子文档内容尚未进行结构化处理,还不能充分利用网络的超链、关联、互动和搜索等特征,因此还应将电子书1.0文档按知识元进一步拆分,重新组织(信息化阶段),以便充分利用文档内容,形成适应跨媒介、跨平台、跨渠道传播的出版物,最终快速响应市场用户的定制化需要。

数字化加工程度包括技术、业务、资源、经费、人员、效益目标等多方面因素的综合考虑;依照效益目标的要求,对内容资源数字化加工程度进行划分,提出可供出版社行选择的思路方案建议。

对增量资源的数字化建设,就是进行数字化生产,要学习和应用结构化生产编辑器环境,直接生产符合文档类型规范(DTD)的结构化内容。建设数字出版的过程主要分为三个主要步骤,即规划企业的内容标准;建立协同编纂流程;实现动态发布模式。这个过程也可以分步,根据每一个企业的业务特点、技术力量进行定制化的发展建设。

第7章 传统出版业数字出版实践

7.1 教育出版社数字出版实践

我国是教育大国,学校教育制度的层次结构包括学前教育、初等教育、中等教育、高等教育四个层级,其中的高等教育又包括普通高等教育、成人高等教育、高等教育自学考试、广播电视大学、现代远程教育五个部分。此外,我国还有民办的各种职业教育。

数字出版为我国的教育出版带来了前所未有的发展机遇,也将为我国各种形式的教育带来巨大的变革。教育出版是数字出版市场最大、最具发展潜力和最具创新性的领域。

7.1.1 国家教育信息化与数字资源建设规划

为推进落实《国家中长期教育改革和发展规划纲要(2010—2020年)》关于教育信息化的总体部署,教育部于2012年发布了《教育信息化十年发展规划(2011—2020年)》(以下简称《规划》),其明确提出,"义务教育是国家依法统一实施、所有适龄儿童少年必须接受的教育,是教育工作的重中之重""加强优质教育资源开发与应用,强化信息技术应用。提高教师应用信息技术水平""鼓励学生利用信息手段主动学习、自主学习,增强运用信息技术分析解决问题能力","建立开放灵活的教育资源公共服务平台,促进优质教育资源普及共享"[1]。

《规划》提出实施"中国数字教育2020"行动计划,建设教育云资源平台,建设

---

[1]《国家中长期教育改革和发展规划纲要(2010-2020年)》。

20000门优质网络课程及其资源计划。

"国家教育资源公共服务平台",是在教育部统一领导、规划和推动,各级教育主管机构、运营商参与下,以教育信息化为基础,利用云计算、移动互联网、物联网等多种技术手段。面向教育主管部门、公众、资源提供方、信息化合作伙伴等,通过搭建国家云平台,建立优质数字教育资源共建共享环境,促进信息技术与教育全面深度融合、促进教育教学和管理创新,促进教育公平,提高教育质量,实现教育信息化可持续发展。国家云平台是学校和老师工作的平台,是家长和学生学习的平台,是可供多方互动交流的平台。

"国家教育资源公共服务平台"的建设目标,是建设覆盖全国、分布合理、开放开源的基础云环境,降低学校信息化成本和建设难度,提高应用水平;汇聚整合各级各类教育资源,创建公益性服务和市场化服务互补的国家教育云服务模式,提供人人可享有优质资源的条件;构建稳定可靠的规模化运行机制,形成资源配置与服务集约化;在推进"宽带校校通"的进程中,实现优质资源"班班通""学习空间人人通"(图7-1至图7-4),为促进教育公平和提高教育教学质量创造新环境和新机制。

图7-1 国家教育资源公共服务平台——宽带网络校校通

图7-2 国家教育资源公共服务平台——学习教学空间人人通

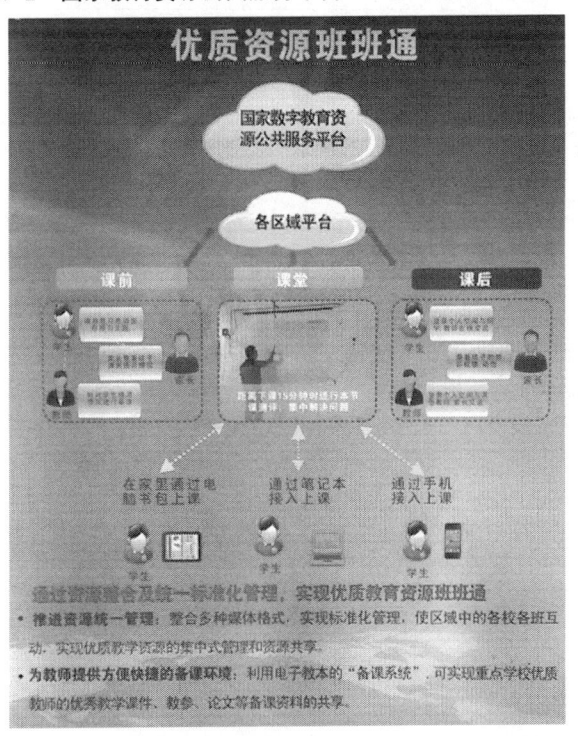

图7-3 国家教育资源公共服务平台——优质资源班班通

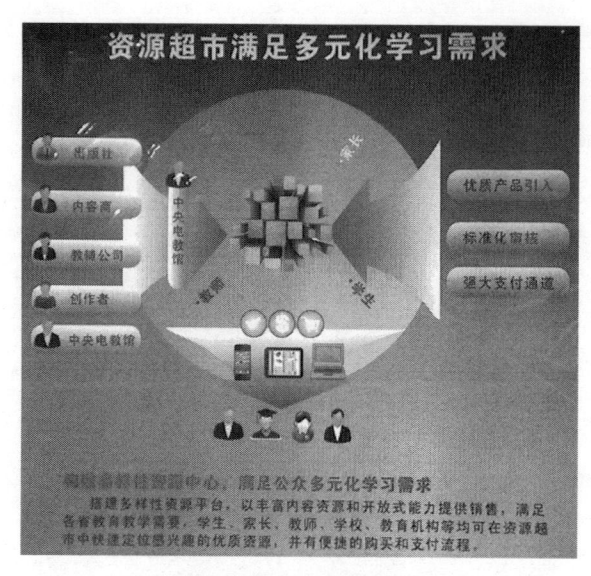

图7-4 国家教育资源公共服务平台——资源超市

目前,国家以基本建成以网络资源为核心的教育资源与公共服务体系。国家教育资源公共服务平台建设取得丰硕成果,如图7-5和图7-6所示,全国已有超过1亿师生通过"网络学习空间"探索网络条件下的新型教学、学习与教研模式,教育信息化对教育改革发展的支撑引领作用日益凸显。

图7-5 国家教育资源公共服务平台主页

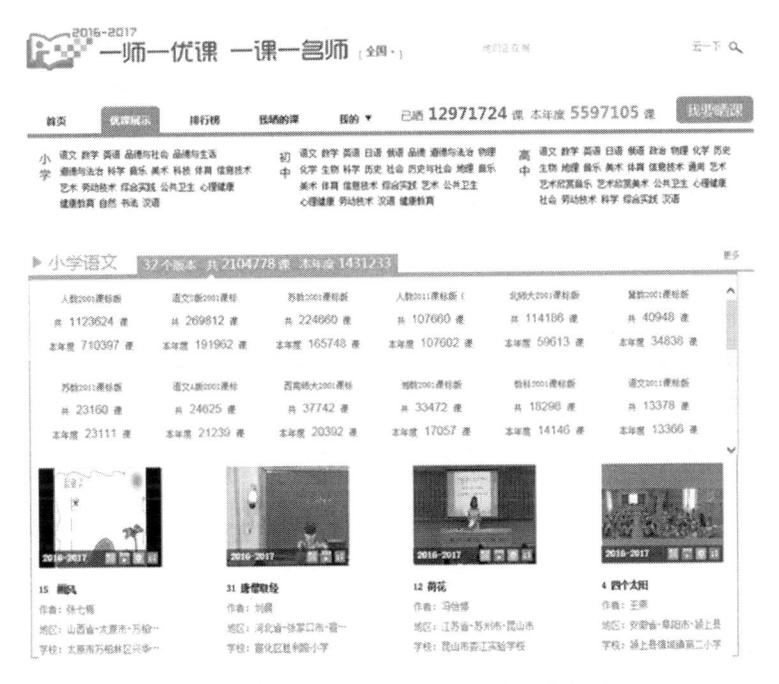

图7-6 国家教育资源公共服务平台—优课展示

  2017年1月10日,国务院印发的《国家教育事业发展"十三五"规划》提出:"加快完善制度环境。制定在线教育和数字教育资源质量标准,推动建立数字教育资源的准入和监管机制,完善数字教育资源知识产权保护机制,鼓励企业和其他社会力量开发数字教育资源,形成公平有序的市场环境,培育社会化的数字教育资源服务市场,探索建立'互联网+教育'管理规范,发展互联网教育服务新业态。""继续推进'三通两平台'建设与应用,推进数字教育资源普遍开放共享。面向教育发展落后地区和特殊人群,提供公益性数字教育资源服务。加快教育大数据建设与开放共享。发展现代远程教育和在线教育,实施'互联网+教育培训'行动,支持'互联网+教育'教学新模式,发展"互联网+教育"服务新业态。"同时《教育信息化"十三五"规划》提出:"十三五"末,要形成覆盖全国、多级分布、互联互通的数字教育资源云服务体系,为学习者享有优质数字教育资源提供方便快捷的服务,提升教育信息化支撑教育教学的水平。

  《国家中长期教育改革和发展规划纲要(2010—2020年)》《国家教育事业发展"十三五"规划》和教育部《教育信息化十年发展规划(2011—2020年)》《教育信息化"十三五"规划》等政策文件的支持及国家教育资源公共服务平台的建设与发展

等无疑给教育数字出版的发展带来了良好的发展机遇和巨大的市场空间。教育出版企业要抓住机遇,发挥自身优势,积极开展数字出版业务,探索数字出版发展路径,加快实现互联网和数字化转型。

7.1.2 互联网教育发展趋势

互联网教育经过近20年的发展,经历了1.0和2.0时代,目前已经进入3.0时代。互联网教育1.0时代,只是简单把传统教育从招生、教材、授课、作业和考试等环节搬到网上,教材只是简单的电子书,授课只是看视频,教学环节缺乏互动,与传统教学相比,存在教师参与度低、学生学习体验差、学习动力不足等问题。互联网教育1.0时代,由于有传统的面授教学环节作为参考模型,所以实现方式简单,实施成本较低。

互联网教育2.0时代,信息技术广泛应用于课堂教学,并在教学实践中充分发挥了互联网的优势,布置、提交和批改作业、答疑和辅导、考试测评和互动交流等教学环节均可通过在线学习平台得以实现,AR、VR、MPR、MOOC、微视频等教学资源大大丰富了教学内容,改善了用户教学体验。互联网成为教学辅助支撑工具,改变了传统的课堂教学模式,提升了教学和课程的个性化水平,大大提高了教学效率、教学质量和学生学习的兴趣,比如O2O教育、混合学习以及翻转课堂等。

互联网教育3.0时代,在线教育从规模、质量和水平上开始超越传统教育。一方面,互联网和教育深度融合,完全基于互联网环境设计在线教育内容,强调教学的互联网特性,摒弃所有之前教育的环节设计,再造教学过程,重塑用户体验。另一方面,教育科技引领教育全面进入智能教育时代。机器视觉、智能语音处理、大数据、人脸表情动作识别等新技术已开始进入教育领域,但这只是智能教育的开始,未来人工智能技术将会被应用到教育教学的各个环节,从而引发新一轮的教育教学变革。

7.1.3 教育出版社数字出版发展模式

1. 充分认识"互联网+"对教育的影响

"互联网+"正在引发教育领域一系列的变革,如教学内容的持续更新、教育模式的不断变革、教育评价的日益多元、教学方法与手段的不断创新等。教育和互联网的深度融合,大大增加了教师和学生对网络教学资源的需求,如网络教学平台、网络教学软件、网络音视频、网络动画、微视频、AR内容、VR内容、3D课件、全息影像、图片、题库、案例等,教育出版社如何加快数字化转型,提高优质数字教育资源的生产和供给能力,以适应互联网+教育市场的变化,是教育出版社实现可持续发展的关键。

2. 加强优质数字化教育教学资源建设

互联网教育环境下,无论是K12教育,还是高等教育,课程标准,包括课程体系、课程结构、课程内容等,仍然是教育的基础,互联网只是教育腾飞的翅膀,是教育快速发展的助推器。

新课标和基于新课标的数字化教育教学资源建设,是教育数字出版和"互联网+教育"教学新模式发展的重要基础。教育出版社作为数字化教育教学资源建设和教育数字出版发展的排头兵,加强数字化教育教学资源建设责无旁贷。无论体量大小,不管实力强弱,教育出版社均应转变传统思想观念,积极推动企业数字化转型升级,学会运用互联网思维看待和解决企业转型中的各种问题。要在稳定传统出版的基础上,坚持以数字化教育教学资源建设为核心,把内容质量作为重中之重,加大资金投入、加快数字出版人才队伍建设。要以数字教材、数字教辅为主要目标,围绕学科核心素养构建学科知识与能力图谱,不断融合新技术,加强云计算、物联网、大数据、人工智能、AR、VR、MPR等新技术应用,不断开发新产品,丰富网络教育教学资源,以便为广大师生提供更好的教学体验,更好地满足国家数字教育资源公共服务平台对优质内容资源的需求,努力实现数字出版产品和服务的规模化、常态化。

3. 开展在线教育服务

近几年来,在线教育在各种教育形式中发挥了重要作用。如基础教育的各学科教学平台、网校、高等教育的精品课程学习网站、成人高考教育与学习网站、各种职业资格培训与考试网站、各省市的干部教育在线学习平台和公务员在线学习与考试平台、党员在线学习平台等为各种教育提供了极大的方便。

从教学交互角度看,在线教育主要有免费公开课模式和收费模式两种。

(1)免费公开课模式

该模式以点播在线学习平台提供的视频进行学习为主,学习不具有交互性,用户学习体验较差。如2010年11月1日,中国领先的门户网站网易推出"全球名校视频公开课项目",如图7-7所示。目前,网易公开课视频已有来自哈佛大学、牛津大学、耶鲁大学、麻省理工学院、剑桥大学等世界知名学府的公开课101门,中国大学公开课320门,TED演讲公开课664门,可汗学院公开课7门,BBC公开课18门,国立台湾大学公开课15门。网易公开课内容涵盖文学、数学、哲学、社会、语言、历史、商业、传媒、医学、美术、建筑、法律、政治、宗教、心理学等广泛的学科领域。网易公开课为广大师生及学习爱好者搭建了一个跨越国界的在线学习平台,使我们可以免费共享世界顶级学府的优质教育资源。

图7-7 网易公开课(http://open.163.com/)

2014年,网易和高等教育出版社携手推出了中国大学MOOC在线教育平台,如图7-8所示。目前中国大学MOOC平台已有公开课1436门,合作高校已达191所。

公开课和MOOC是一种任何人都能免费注册使用的在线教育模式。它们都有一套类似于线下课程的教学模式,每门课程定期开课,整个学习过程包括观看视频、参与讨论、提交作业和课程考试等环节。

图7-8 中国大学MOOC(https://www.icourse163.org/)

免费向公众开放优质教育资源,让公众随时可以通过网络享受到高水的教育,这对促进我国教育的公平性和改善教育发展的不平衡状况具有十分积极的意义。但由于公开课和MOOC的制作成本较高,需要经过课程规划、课程知识点设计、课程录制、视频剪辑、课程上线、在线答疑、批改作业和考试等诸多环节,并且用户体验差,缺乏有效的盈利模式。因此这种在线教育模式将很难形成规模效应。

(2)收费教学模式

该模式是指学生在互联网在线学习平台上注册为用户,并付费购买有关学习内容或平台提供的某些功能(如评测、名师导学等)等进行学习的一种方式。

收费式在线教育模式较免费公开课模式更符合在线教育市场的发展规律,具有更好的用户体验,是未来在线教育发展的方向。近几年来,一批互联网在线教育平台发展非常迅速,如VIPKID、一起作业网、学科网、沪江网、智学网、口考网、丁博士、习网、乐教乐学云平台、亚洲教育网等。2014年6月1日上线的VIPKID在线少儿英语学习平台,截至2017年8月,注册用户已超过260万,遍布全球32个地区和国家,付费用户超过20万,有3万多名北美外教,每月平台授课量高达219万节,2017年1—7月的营收总和超过20亿元,其中7月单月营收突破4亿元[1]。2011年10月成立的一起作业网,如今在全国,已有31个省市、10万余所学校、超过5000万的用户在使用该平台[2]。智学网是科大讯飞面向学校日常作业、考试及发展性教与学评价需求推出的大数据个性化在线教学平台。系统基于科大讯飞全球领先的人工智能核心技术,能够实现教与学全场景动态数据的采集和分析,深度挖掘数据价值,帮助教育管理者高效决策、教师针对性教学、学生自主个性化学习,并且实现家校互联,帮助家长实时了解孩子学习情况。目前,智学网已在全国30个省市10000多所学校实现常态化应用,受益师生超过1500万[3]。

在线教育发展前景广阔,市场空间巨大。教育出版社作为教育内容提供商,要加强和学校、教育管理机构、技术公司等的合作,搭建在线教育平台。在线教育平台一般应具有以下主要功能:

● 课程介绍:分类介绍平台可以提供的学习课程及有关学习内容等

● 师资介绍:介绍平台的主要师资力量及每位教师的特点和授课内容等

● 在线课堂:学生可以随时随地上课。同时它也打破了地域和时间的限制,分处不同地区的学生和老师可以通过远程课堂实现实时授课交流

● 同步课堂:可以实现多个教室同步直播授课,还可以实现不同学校之间同时开展课堂直播

● 资源推送:系统根据用户的身份角色、当前教学内容、学习阶段、用户行为(浏览、阅读、答题、练习、点播、自测等操作行为),结合系统的数据分析结论,为用户推送相应的资源应用

● 在线答疑:在学习过程中,学生可以随时向老师提出学习中遇到的各种疑难问题,教师可以实时在线解答学生的疑问和辅导学生学习

● 名师导学:学生可以对学习内容进行自我学习测试,由名师对测试进行评定,并根据测试结果对学生进行指导

● 名师课堂:学生可在线观看名师的视频课程,实现自主学习

---

[1] http://www.vipkid.com.cn/;http://www.iheima.com/zixun/2017/0818/164701.shtml.

[2] https://www.17zuoye.com/help/aboutus.vpage.

[3] http://www.zhixue.com/login.html#p1.

●自动测试:学生可以就学习内容或知识点进行自动测试,以考察对学习内容或知识点的掌握程度及学习效果

●作业管理:教师可以在线布置、批改作业,可随时了解学生作业进度及作业完成情况,并进行评价和成绩分析等;教师可以深度贴合学生各阶段练习需求,精选习题供学生练习

●错题重做:遇到学生练习或自动测试过程中的错题,系统自动要求重做练习,并能通过大数据分析,个性化推送相关错题类题,实现有的放矢,精准练习

●自动纠错:在语言课程的学习中,系统能通过标准带读纠正学生错误的发音等

●自动评测:系统根据学生考试、练习、课堂问答、作业等情况,自动分析出学生对学习内容及有关知识点的掌握情况,并提出学生个性化学习方案

●家校互动:老师、学生、家长及学校有关教学管理人员可通过App进行实时沟通和互动交流。家长可实时接收老师发布的作业、消息通知,可以及时获取子女在学校的考勤、成绩、评价等学习动态信息

搭建在线教育平台,依托自身优势,加快在教育数字出版领域的业务布局,是教育出版社能否占领教育数字出版主阵地、在教育数字出版产业链中发挥主导作用的关键。

教育出版社要基于在线教育平台,激活社内优质资源,整合现有产品线,不断提升平台的运营和服务能力,最大限度地把产品和服务推向市场。同时还要依托平台,加强合作,不断汇聚资源,扩大平台运营规模,打造品牌,使平台创造更大的效益。

7.2 专业出版社数字出版实践

专业出版社是我国出版业中的一支重要力量,占据出版队伍的半壁江山。专业出版社在长期的专业出版过程中,已经积累和形成了丰厚的专业内容资源,树立了比较鲜明的品牌特色和市场知名度,与专业领域内的高水平作者建立了长期、稳固的合作关系,培养了忠实的读者群,这些为其发展数字出版业务奠定了良

好基础。

相对来说,各个专业出版领域市场和用户规模较小,新媒体企业很少涉足专业出版领域的数字出版市场。在数字出版产业发展中,一方面,专业出版社具有内容资源和知名品牌优势,遇到的竞争压力小,具有较好的发展前景和生存空间;但另一方面,专业出版社在资金、技术、人才等方面处于劣势,专业出版社对数字出版市场的研究度、应变能力和互动性也远远不够。数字出版的大环境已经形成,专业出版社如何介入,需要从以下几个方面考虑,形成有效的数字出版产业发展模式。

7.2.1 信息和知识服务模式

2013年8月15日,国务院印发的《关于促进信息消费扩大内需的若干意见》提出:"大力发展数字出版、互动新媒体、移动多媒体等新兴文化产业,促进动漫游戏、数字音乐、网络艺术品等数字文化内容的消费。""加快建立技术先进、传输便捷、覆盖广泛的文化传播体系,提升文化产品多媒体、多终端制作传播能力。""加强数字文化内容产品和服务开发,建立数字内容生产、转换、加工、投送平台,丰富信息消费内容产品供给。""加强基于互联网的新兴媒体建设,实施网络文化信息内容建设工程,推动优秀文化产品网络传播,鼓励各类网络文化企业生产提供健康向上的信息内容。"[1]

2014年3月两会期间,国务院总理李克强在政府工作报告中明确表示,要促进信息消费,实施"宽带中国"战略、加快4G建设。基于互联网发展的信息消费经济被提升到国家战略层面,促进信息消费已经成为国家有效拉动需求、催生新的经济增长点的重要手段。

2017年8月24日,国务院印发了《关于进一步扩大和升级信息消费持续释放内需潜力的指导意见》指出:"信息消费已成为当前创新最活跃、增长最迅猛、辐射最广泛的经济领域之一,对拉动内需、促进就业和引领产业升级发挥着重要作用。要全面贯彻党的十八大和十八届三中、四中、五中、六中全会精神,深入贯彻习近平总书记系列重要讲话精神和治国理政新理念新思想新战略,以推进供给侧结构

---

[1] 国务院. 关于促进信息消费扩大内需的若干意见. [EB/OL]. (2013-08-15)[2018-09-18]. http://www.gov.cn/zwgk/2013-08/14/content_2466856.htm

性改革为主线,优化信息消费环境,进一步加大网络提速降费力度,积极拓展信息消费新产品、新业态、新模式,扩大信息消费覆盖面,加强和改进监管,完善网络安全保障体系,打造信息消费升级版,不断释放人民群众日益增长的消费需求,促进经济社会持续健康发展。""到2020年,信息消费规模预计达到6万亿元,年均增长11%以上;信息技术在消费领域的带动作用显著增强,信息产品边界深度拓展,信息服务能力明显提升,拉动相关领域产出达到15万亿元,信息消费惠及广大人民群众。信息基础设施达到世界领先水平,'宽带中国'战略目标全面实现,建成高速、移动、安全、泛在的新一代信息基础设施,网络提速降费取得明显成效。基于网络平台的新型消费快速成长,线上线下协同互动的消费新生态发展壮大。公共数据资源开放共享体系基本建立,面向企业和公民的一体化公共服务体系基本建成。网络空间法律法规体系日趋完善,高效便捷、安全可信、公平有序的信息消费环境基本形成。"❶

原中国工信出版集团总经理敖然指出,"有效信息才是我们这个社会的稀缺资源,信息消费产业的主力军恰恰是新闻出版业","如果我们能够在其中分得一杯羹,就能通过信息消费创造出比我们传统出版业要大得多的一个市场"。

信息服务业是一个涉及信息产品生产、传输、发布与消费等众多领域的综合性行业,其产业链包括信息用户、电信运营商、支付企业、广告商、设备制造商、软件开发商和信息服务商等多个环节。其中的信息服务商,是指从事信息服务的各种机构及机构中的有关人员,是信息服务的主体,它们通过生产和供给信息产品来满足用户的信息消费需求。

知识服务是以专业知识内容为基础,从各种显性和隐性知识资源中按照人们的需要有针对性地提炼知识和信息内容,搭建知识网络,为用户提出的问题提供知识内容或解决方案的信息服务过程。知识服务是一种新的网络应用理念,是对海量信息进行处理,通常经过信息采集,信息过滤,信息分类,信息摘要,精华萃取等处理过程,并运用交互式方法为网络用户提供服务❷。

近几年来,许多专业出版社在信息和知识服务方面开展了积极的探索,并取得了较好的经济收益与社会效益。如人民卫生出版社的"人卫智网(www.ipmph.

---

❶ 国务院. 关于进一步扩大和升级信息消费持续释放内需潜力的指导意见[EB/OL]. (2017-08-24)[2018-09-18]. http://www.gov.cn/zhengce/content/2017-08/24/content_5220091.htm

❷ https://baike.baidu.com/item/知识服务/6192713?fr=aladdin.

com)", 如图7-9和图7-10所示, 包括医学教育、医学考试、医学学术、医学科普、医学期刊等栏目, 能为医学院校师生、广大医务工作者提供在线教育、职业资格考试培训、医学继续教育等信息与知识服务, 也能为普通大众提供医疗健康方面的信息和知识服务;人民法院出版社的"法信——中国法律应用数字网络服务平台", 如图7-11至图7-13所示, 是中国首个法律知识和案例大数据融合服务平台, 2016年3月31日在中国最高人民法院上线。"法信"为法官、律师等法律人提供一站式专业知识解决方案、类案剖析同案智推服务, 并向社会大众提供法律规范和裁判规则参考。此外, 知识产权出版社的"中外专利数据库服务平台"、法律出版社的"法律门"、人民交通出版社的"中国航海知识服务平台"等, 也是专业出版社在信息与知识服务方面的典型应用。

图7-9 人卫智网(http://www.ipmph.com/)

图7-10 人卫医药健康信息与知识服务体系

  知识服务将成为互联网下一个弄潮儿,得到APP、樊登读书会、知乎live、分答等已经成为重要的互联网知识付费平台。得到APP创始人罗振宇认为,知识服务业已经成为中国数字经济新生态中的重要组成部分。

  专业出版社凭借其作者资源、编辑资源和专业领域内知识资源,在专业领域内开展信息和知识服务具有无可比拟的优势,信息和知识服务将是专业出版社数字出版发展的重要方向。

图7-11 法信（http://www.faxin.cn/）

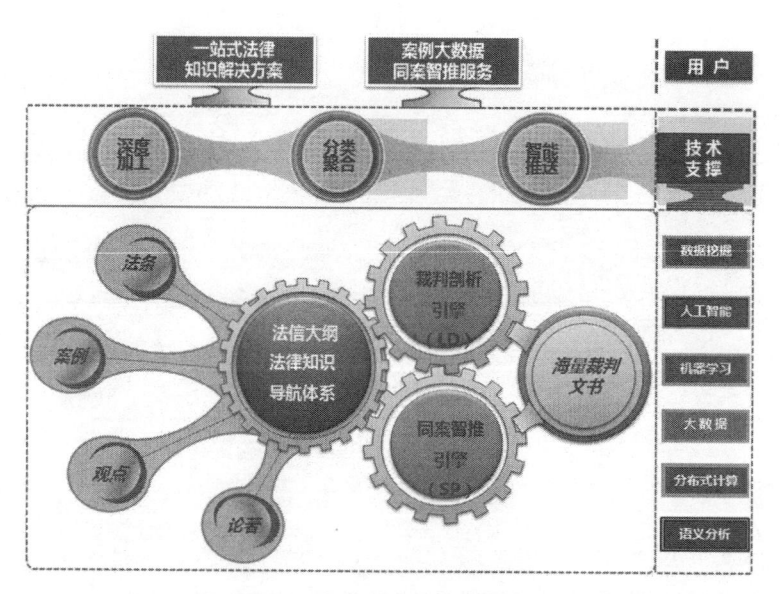

图7-12 法信平台体系架构

图7-13 法信资源库

7.2.2 专业数据库产品模式

专业出版社可以基于长期以来在专业领域内积累的知识资源，开发各种专业化的数据库产品，以满足专业领域用户的信息需求，甚至还可以为用户提供个性化定制服务。例如，知识产权出版社从海量专利信息数据中筛选，并进行一定程度的加工，形成了山东海洋数据库、内蒙古奶业数据库、重庆摩托车数据库等一系列不同行业领域的专利数据库。人民卫生出版社基于长期以来在医学领域积累的知识资源，开发出了国家级医药卫生数据库、医学图书数据库、临床病例数据库、诊疗指南数据库、临床药物数据库、医学视频数据库、医学图表数据库、医学百科数据库等产品。此外，社科文献出版社、法律出版社、人民邮电出版社、电子工业出版社、建筑工业出版社、石油工业出版社等专业出版社也都开发出了专业领域内的数据库产品，如社科文献出版社的"皮书数据库"系列产品、法律出版社的法律法规数据库和司法判例数据库、石油工业出版社的钻井知识数据库和勘探知识数据库等均获得了良好的经济效益和社会效益。

7.2.3 数字图书馆模式

数字图书馆在高校及一些中小学图书馆中得到了十分普遍的应用。许多行业内的大中型企业都建有供员工学习的图书馆和阅览室，专业出版社可以进一步挖掘行业内数字图书馆市场。通过精选专业内容,建设数字图书馆,为企业员工提供数字化的阅读与学习环境,让员工可以方便地通过网络查询和学习专业知识。例如,人民法院出版社和中国最高人民法院共同建设的数字图书馆2016年11月22日正式上线。数字图书馆汇聚了海量的数字法律文献资源,集成了大量中外法律数据库,联通了国内外图书馆馆藏资源(上线时文献总字数达1.8376亿万字,文献总篇数达1.0239亿篇,数据库总量达173个,视频总时长达8046小时,馆际借阅图书馆900多个),为法官和人民群众提供多形式、多渠道的法律信息资源,是充分利用信息化手段为法官和人民群众提供全面知识资源和数据信息服务的互联网平台。石油工业出版社建设的石油数字图书馆收录近6000余种电子书,包括石油科技、院校教材、培训教材、石油经营、石油综合、质量安全节能标准化、大众图书、石油行业标准和企业标准及石油科技期刊等数字资源,可为石油行业各企事业单位员工、院校师生等提供在线借阅读服务。

7.2.4 移动出版模式

智能手机、平板电脑的普及与应用为移动阅读带来了巨大的需求市场,移动阅读已经成为数字阅读重要的发展趋势,同样,移动出版也将成为数字出版发展的重中之重。目前,专业出版社在移动出版领域的发展相对滞后。

专业出版的准入门槛高,专业出版社在内容资源方面具有垄断性或绝对优势,互联网企业要想进入专业出版领域难度较大。随着移动互联网的发展,专业领域内的移动阅读需求越来越大,专业出版社要加大在移动出版领域内的投入,以开发出专业APP、微信公众号、微信小程序等移动应用产品以满足专业领域内用户的移动阅读需求,增加新的盈利点。

7.2.5 按需出版模式

按需出版是根据作者和读者的需要,采用先进的数据处理系统、数字印刷系统和网络系统进行图书出版的一种方式。它突破了传统出版模式的印数限制,重新组合出版流程中的编、印、发各环节,实现了图书出版的零库存,被称为"绿色出版"。

专业图书由于学术性强、读者面窄,读者的需求零散,有的读者一次只要一本,有的读者一年只订一次,因此发行量一般难先确定。如果印刷过多,供过于求会造成产品积压;印刷过少,又不能满足市场需要。而且,有些专业图书一旦断档、绝版、脱销就很难再次印刷,按需出版则可以有效缓解这些矛盾。目前,知识产权出版社、中国标准出版社、中国质检出版社等专业出版社都开展了按需出版业务。

按需出版要实现盈利也并不容易,其关键是业务来源,如果没有足够的业务量作为保证,很难实现盈利。因此,按需出版并不适合所有的专业出版社。

7.3 大众出版社数字出版实践

大众出版立足于人们的娱乐和生活,内容主题呈离散性、娱乐性特征。大众出版不像教育出版和专业出版具有资源和政策上的优势。大众出版领域数字出版进入门槛低,新媒体技术改变了出版内容的生产方式,互联网企业、技术平台企业可以直接接触内容原创作者,凭借资本、技术等优势在优秀内容资源的争夺上使得传统出版企业相形见绌。因此,面对互联网新媒体企业带来的巨大挑战和竞争压力,传统的大众类出版社应力求数字出版发展模式的不断创新。

7.3.1 全媒体出版

1. 纸电联动,融合出版

所谓"纸电联动",是指同一内容出版成纸质版图书和电子版图书两种形态的产品,可以先出版纸质版图书,后出版电子版图书,也可以先出版电子版图书,后出版纸质版图书,纸质版图书和电子版图书的内容和版式保持一致。

先纸后电:先出版纸质版图书,后出版电子版图书。通过纸质版图书积累粉丝,再结合线上渠道和新书特点,实现电子版的推陈出新,在线上渠道进行全面的推广和宣传。

先电后纸:先出版电子版图书,后出版纸质版图书。电子版图书首发预热,实现前期粉丝的积累,以带动纸书出版。

电子书凭借其随时随地的阅读特点,契合了许多读者移动和碎片化的阅读习惯。但从中国新闻出版研究院发布的《第十四次全国国民阅读调查报告》看,2016年我国纸质图书阅读率为58.8%,较2015年的58.4%上升了0.4个百分点,纸质图书仍具有巨大的市场潜力。

纸电联动并不会因为电子书而影响到纸书的销售,如北京某出版社2016年、2017年电子书的销售收入均超过1000万,而2017年纸书的销售额较2016年略有增长。纸电联动是大众类出版社发展数字出版,提高经济效益的有效途径。

2. 网络原创出版

尽管腾讯的阅文集团、百度的百度文学、阿里巴巴的阿里文学等占据了互联网原创文学市场的大半壁江山,但大众类出版社依然可以依托自身优势在原创文学市场中分得一杯羹。如中国出版集团全力打造的大佳网阅读平台,在原创出版中推出了"写连载""写单篇""写专栏"等栏目,如图7-14所示。

图7-14 大佳网原创出版

3. 视频出版

大众类出版社长期以来,积累了大量的优质内容资源。利用二次剪辑、自行拍摄、名家说书、作者访谈等形式,将图书内容制作成短视频,以内容价值高、观赏性和趣味性强的视频形式,推进作品的广泛传播,是大众类出版社激活资源,拓展融合出版新模式的有效途径。如图7-15和图7-16所示,大佳网的视频出版栏目一方面受到了读者的好评,另一方面也获得了较好的经济和社会效益。

4. 有声出版

有声出版是通过声音表演者、专业录音录像制作人员把文字内容录制转化为音频,经过剪辑、配乐等后期工作制作成有声书,以移动介质为载体,向用户提供有声阅读服务,是区别于纸质书出版、电子书出版的一种新的出版形式[1]。

图7-15 大佳网视频出版(名家说书)

---

[1] https://baike.baidu.com/item/有声出版/20210083?fr=aladdin.

图 7-16　大佳网视频出版（作者访谈）

随着语音合成、情景识别等技术的日趋成熟，有声阅读产品的成本大大降低，产品数量快速增加，产品质量大幅提升，从而带动了我国有声出版市场的快速发展。《2016年度中国数字阅读白皮书》数据显示，2016年我国听书市场规模为29.1亿元，同比增长48.3%，如图7-17所示。

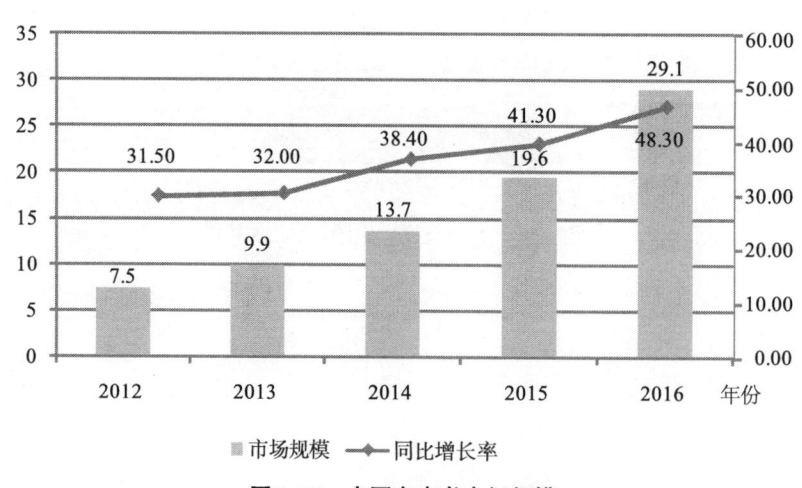

图 7-17　中国有声书市场规模

有声阅读内容丰富、收听场景多样,能很好地契合用户碎片化的阅读需求。目前,主流的听书应用大多来自互联网企业,主要有懒人听书、酷我听书、喜马拉雅听书、天翼听书、氧气听书、掌阅听书、听书中国等。

眼下,有声阅读还处于初级发展阶段,未来发展潜力巨大。大众类出版社要充分发挥自身资源优势,积极探索,大胆尝试,加强合作,及早介入到有声阅读领域中来,争取在有声阅读市场中占有一席之地。

7.3.2 IP开发与运营

IP(Intellectual Property)即知识产权。就传媒行业来说,IP就是小说、电影、电视剧、综艺、游戏、动漫、音乐、话剧、广告、有声读物等内容资源。IP开发与运营就是以优质IP为核心,对其进行多产品形态的开发与运营,从而挖掘出IP最大的经济利益或社会效益。例如,小说《盗墓笔记》改编为同名网络剧、电影、电视剧等,并获得了较好的经济效益;由小说改编的同名电视剧《人民的名义》,也获得了很好的社会效益。

IP全产业链的开发与运营已经成为传媒产业发展的重要趋势,如北京梦之城文化有限公司主要运营以"阿狸"为主的原创动漫形象,除了发行阿狸绘本与阿狸动画片之外,还提供阿狸表情包、阿狸壁纸、阿狸微信头像、阿狸漫画、阿狸简笔画等互联网内容产品,同时还开发出了阿狸毛绒公仔、阿狸服饰、阿狸箱包、阿狸文具、阿狸玩具等周边产品。

近几年来,IP的全版权运作也受到了出版业的高等重视和关注。例如,中国少年儿童新闻出版总社打造的红袋鼠IP和金龟子IP深受广大少年儿童的欢迎。其中,红袋鼠IP包括红袋鼠图书、红袋鼠期刊、红袋鼠点读笔、红袋鼠语音玩具、红袋鼠文具、红袋鼠居家用品、红袋鼠虚拟偶像等产品;金龟子IP包括图书、金龟子睡前故事、金龟子看世界、金龟子大电影、金龟子直播等内容。

大众类出版社长期以来积累了很多优质的IP,对这些优质IP进行全产业链开发和全版权运营,是大众类出版社加快数字出版发展的一条重要途径。

参考文献

[1][英]乔克.布苏蒂尔.产品经理方法论[M].张新,译.北京:中信出版集团,2016.

[2]Ekow Nelson.未来的内容产业[J].IBM商业价值研究院,2009(6).

[3]"应用+终端"成为移动互联网领域重要的竞争模式[N].百道数字出版日报,2011-11-06.

[4]艾瑞咨询.2016年中国数字阅读行业年度报告[R].2017(3).

[5]艾瑞咨询.2018年中国数字出版行业研究报告[R].2018(1).

[6]安德鲁·威尔肯斯.周益,译.图书元数据事关未来的商业机会,百道网,2011-10-18.

[7]曹胜利,谭学余.专业出版社数字出版的赢利模式与路径选择[J].科技与出版,2010(4).

[8]陈金川.论数字出版背景下的内容创新[J].出版发行研究,2012(5).

[9]陈昕.数字网络环境下传统出版社的转型发展[J].上海人民出版社,2015(8).

[10]陈燚.探析全媒体时代出版社IP化经营之路[J].传播与版权,2017(6).

[11]丁岭.施普林格数字出版发展模式探析[J].大学出版,2008(3).

[12]董良广,石雄.教育数字出版现状及发展方向探析[J].出版广角,2015(4).

[13]方卿,王清越.关于数字出版模式的思考(一)[J].中国出版,2011(9).

[14]封昀.HEP出版社数字出版业务发展战略研究[J].南昌大学,2016(5).

[15]傅勤奎.内容资源的整合与开发:数字出版的制高点[J].新闻世界,2011(5).

[16]葛存山,张志林.数字出版的概念和运作模式分析[J].北京印刷学院学报,2008(5).

[17]葛存山,张志林.字出版运作模式研究[J].科技与出版,2008(9).

[18] 韩卫东. 出版社数字化转型要体现两大核心价, 百道网, 2011-08-17.

[19] 郝振省. 互联网思维下数字出版发展新趋向[J]. 出版发行研究, 2014(4).

[20] 李·威尔逊. 教育出版企业发展的四种路径[N]. 百道新出版研究院数字出版日报, 2012(2).

[21] 李斌. IP生态圈—泛娱乐时代的IP产业及运营实践[M]. 北京: 中国经济出版社, 2017.

[22] 李梦霞. 论中国教育出版的数字化转型[J]. 新闻研究导刊, 2017(4).

[23] 刘成勇. 数字出版: 商业模式与发展路径[J]. 现代出版, 2010(6).

[24] 刘成勇. 数字出版的"四化"与"五个一"[J]. 出版参考, 2009(5).

[25] 刘峰. 出版机构IP化经营——媒体融合背景下的创新策略探析[J]. 出版发行研究, 2015(9).

[26] 刘海阳. 基于多元化经营的出版集团数字出版战略研究[J]. 出版广角, 2016(10).

[27] 孙培麟. 当当京东亚马逊中国电子书平台比较[D]. 百道新出版研究院数字出版日报, 2012(1).

[28] 谭学余. 美国数字出版见闻[J]. 现代出版, 2011(3).

[29] 汤潮. 数字出版: 从数字发行到媒体服务[J]. 出版参考, 2011(8).

[30] 汤鑫华. 专业出版社数字出版模式推测[J]. 科技与出版, 2011(1).

[31] 王菲. 媒介大融合[M]. 广州: 南方日报出版社, 2007.

[32] 王佩云. 专业出版社如何稳健发展[J]. 中国出版, 2010(3).

[33] 王燕杰. 我国教育出版数字化转型研究[J]. 郑州大学硕士学位论文, 2017(5).

[34] 王宇明. 社会化阅读与数字出版的变革趋向[J]. 出版发行研究, 2013(10).

[35] 吴波, 原业伟. 出版业如何迎接数字时代?[M]. 成都: 西南财经大学出版社, 2016.

[36] 吴声. 场景的革命[M]. 北京: 机械工业出版社, 2017(10).

[37] 吴声. 超级IP—互联网新物种方法论[M]. 北京: 中信出版集团, 2016(7).

[38] 谢清风. 培生集团的并购发展战略分析[J]. 现代出版, 2011(6).

[39] 新闻出版广电总局规划发展司. 2017中国新闻出版统计资料汇编[M]. 北京:

中国书籍出版社,2017(9).

[40] 新闻出版总署科技与数字出版司.实践·探索·启迪[M].北京:中国书籍出版社,2011.

[41] 张国强,林江发.数字出版资源库建设实践[J].出版参考,2010(8).

[42] 张立.数字出版相关概念的比较分析[J].中国出版,2006(6).

[43] 张立.我国数字出版产业的发展趋势及对策分析[M].北京:出版发行研究,2008(10).

[44] 张立.中国数字内容产业市场格局与投资观察(2015)[M].北京:社会科学文献出版社,2016(10).

[45] 张新新.变革时代的数字出版[M].北京:知识产权出版社,2016.

[46] 张妍.浅述美国大众、专业、教育出版数字化的转型[J].中国编辑,2008(4).

[47] 郑铁男,张新华.数字编辑运营实训教程[M].北京:知识产权出版社,2017.

[48] 郑铁男.数字编辑技术实训教程[M].北京:知识产权出版社,2017.

[49] 中国新闻出版研究院.2016-2017中国数字出版产业年度报告[R].2017(7).